小玩家

幼儿园STEM教育实践

主编 白艳 王莉

西北工业大学出版社

西 安

图书在版编目（CIP）数据

小玩家：幼儿园STEM教育实践 / 白艳，王莉主编. — 西安：西北工业大学出版社，2023.8
ISBN 978-7-5612-9024-8

Ⅰ. ①小… Ⅱ. ①白… ②王… Ⅲ. ①科学知识–学前教育–教学参考资料 Ⅳ. ①G613.3

中国国家版本馆CIP数据核字（2023）第170369号

XIAO WANJIA—YOUERYUAN STEM JIAOYU SHIJIAN
小 玩 家 —— 幼 儿 园 STEM 教 育 实 践
主编 白 艳 王 莉

责任编辑：隋秀娟	策划编辑：孙显章
责任校对：万灵芝	装帧设计：李 飞

出版发行：西北工业大学出版社
通信地址：西安市友谊西路127号　邮编：710072
电　　话：（029）88491757，88493844
网　　址：www.nwpup.com
印 刷 者：西安浩轩印务有限公司
开　　本：787 mm×1092 mm　　1/16
印　　张：20
字　　数：341千字
版　　次：2023年8月第1版　　2023年8月第1次印刷
书　　号：ISBN 978-7-5612-9024-8
定　　价：88.00元

如有印装问题请与出版社联系调换

《小玩家——幼儿园STEM教育实践》编写委员会

主编 白 艳 王 莉

编者 王 聪 汤璐华 胡 晶 赵 程 王 凯
　　　 白朝侠 孙 敏 张春艳 杨思琦 李晓亚
　　　 王 璇 曹文静 荀子柏 王旭登

前 言
PREFACE

2016年10月，我们遇到了一个契机，西北工业大学幼儿园（简称"西工大幼儿园"）成为国际技术与工程教育协会的会员。通过短暂的培训，我们初次体验到STEM（Science,Technology,Engineering,Mathematics）教育的独特魅力，结合西工大幼儿园长期开展的幼儿科学教育实践，我们决定开展STEM教育在幼儿园的实践研究。于是，团队成员带着"什么是STEM？""幼儿园STEM教育在哪里？""怎样将科学、技术、工程、数学等学科有机地整合在幼儿的学习生活中？"等问题开始了幼儿园STEM教育探索之路。与此同时，我园被授予"陕西省STEM教育领航学校""陕西STEM教育协同创新中心"称号，更加助力了我们STEM教育研究与实践的深入开展。

从STEM教育在区域活动中的实践探索，到将STEM理念渗透到幼儿一日生活的各项活动之中，我们发现了幼儿园里无处不在的STEM教育契机，也欣喜地看到幼儿在以工程为主线的实践活动中有机整合各学科经验、开展跨学科学习、主动建构知识的学习过程。在教师支持引领下，孩子们自己制订计划，动手操作，合作学习，质疑反思。在这样有意义的学习过程中，孩子们直接体验和解决现实世界中的问题，通过对核心经验的再建构和思维迁移，提升了自主学习、有效探究的技能，初步形成了科学思维和工程思维，获得了应对生活挑战的信心和能力，教师们也进一步理解了STEM教育的意义和内涵。

五年来，我们以课题为抓手，积极开展探索实践，积累了宝贵的经验，收获了丰富的成果：2017年，我们立项了陕西省教育科学规划课题"4~6岁幼儿区域活动STEM教育的实践研究"；2018年9月，我们又立项了省级课题"基于项目学习的幼儿园STEM教育实践研究"；2018年12月，我们加入了"中国STEM教育2029行动计划"，申报并立项了中国教育科学研究院"中国STEM教育2029创新行动计划"课题"幼儿园阶段STEM课程建设研究"。通过实践研究，我们梳理出适宜幼儿园STEM项目活动实施的路径，成果《幼儿园STEM教育活动实施路径的探索与实践》获得了陕西省第十一届基础教育教学成果奖特等奖。几年来，团队成员从问题入手，坚持不懈地走在幼儿园STEM教育研究实践之路上，努力学习课程理论，充分吸纳专家的建议，在"计划—实践—调试—改进—再计划"的反复更迭、螺旋上升的实践探索中，不断总结梳理幼儿园STEM教育实践经验，从STEM课程的理念、目标、内容、途径、评价等方面，初步构建了幼儿园STEM课程框架，呈现在了《小玩家——幼儿园STEM教育实践》这本书中。

　　本书共分为三个部分，即绪言、STEM课程理论篇、STEM活动案例篇。

　　在绪言部分我们重点阐述了什么是STEM教育、幼儿园开展STEM教育的价值，以及我园开展STEM教育的实践历程三个阶段的思考和收获。

　　STEM课程理论篇主要呈现的是我园在实践过程中梳理和凝炼的幼儿园STEM课程的理念、目标、内容、实施与评价等课程体系相关要素的内涵。

　　STEM活动案例篇主要从"生活小能手""游戏小玩家""科学探秘者""文化小使者""健康小达人""小小建筑师"六个板块，收集了幼儿园在STEM课程理念指导下在中大班开展的14个项目活动案例。

前　言

每个案例依据幼儿的年龄特点，以项目活动目标为依据，遵循项目活动实施的路径，即按照"发现问题—头脑风暴—催化情境—工程设计—实践探索—分享表达"六个环节展开，并结合教师相关的支持策略加以梳理和呈现。同时将项目活动的反思和评价附录于后，从而在自我评价的基础上，为下一阶段活动的开展积累有意义的经验，也期望给读者以新的思路和启发。

《小玩家——幼儿园STEM教育实践》的集结成册，是我园教师团队五年来孜孜不倦开展STEM教育园本行动实践探索的阶段性成果，虽然并不完美，但我们愿意分享，以期为广大同行在幼儿园开展STEM教育提供参考，其中不尽完善之处也恳请各位读者批评指正。

本书的付梓见证了STEM教育在幼儿园落地、生根、发芽、结果的过程，得益于西工大幼儿园王莉园长的坚持与引领。她用专业的视野和洞见，带领团队带着问题意识持续不断地行走在思考、实践、行动的探索之路中。感谢团队成员的坚守与执着，感谢家长的信任和支持，感谢实践过程中陕西师范大学程秀兰教授、学前师范学院王怡教授等专家给予我们的帮助和专业指导。当然，最要感谢的是孩子们，他们是天生的科学家，更是主动的学习者。

在国家愈发重视青少年科学素养培育的当下，站在面向未来的新时代教育基点上，我们对儿童科学教育的实践与研究还在继续。培育热爱科学、喜欢探究、具有科学素养的儿童，我们一直行走在路上。

编者
2023年3月

目 录
CONTENTS

绪言　西工大幼儿园STEM教育探索历程　　001

第一节　遇见STEM　　002
第二节　西工大幼儿园STEM课程实践探索历程　　003

STEM课程理论篇　　015

第一节　明晰幼儿园STEM课程理念——引领课程实践　　016
第二节　确立幼儿园STEM课程目标——提供课程依据　　020
第三节　建构幼儿园STEM课程内容——丰富课程实践　　023
第四节　探索幼儿园STEM课程路径——指导课程实施　　032
第五节　优化幼儿园STEM课程评价——检验课程成效　　045

STEM活动案例篇　　059

生活小能手——生活中的"真"问题　　060

篮球的家 / 张春艳　　060

我是环保小卫士 / 王　聪	078
种植园里的蔬菜棚 / 白朝侠　汤璐华	096

游戏小玩家——游戏中的"新"挑战　　113
多米诺大挑战 / 赵　程　　113
小人儿微店 / 孙　敏　　132

科学探秘者——科学中的"趣"探索　　147
小球的旅行 / 张春艳　　147
探秘恐龙世界 / 汤璐华　　163
我为小鸟造房子 / 王　聪　　182

文化小使者——文化中的"薪"传承　　202
神奇的印刷 / 王　璇　曹文静　　202

健康小达人——运动中的"小"发明　　224
PVC管DIY / 汤璐华　　224
曲棍球 / 李晓亚　胡　晶　　241

小小建筑师——工程中的"多"融合　　256
桥梁建筑师 / 杨思琦　　256
古老的钟楼 / 胡　晶　　269
小小停车场 / 王　聪　　288

绪 言

西工大幼儿园STEM教育探索历程

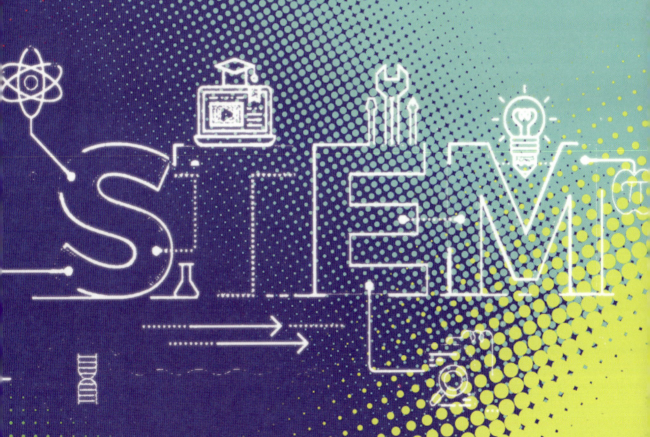

2016年10月，西工大幼儿园有幸加入国际技术与工程教育协会。初次接触STEM教育，经过三天短暂的学习，我们初步感受到STEM教育对科技时代创新人才培养的重要意义，萌发了研究STEM教育的兴趣。通过对STEM教育发展理念的学习与研究，我们明晰了什么是STEM、在幼儿园中是否适合开展STEM教育等问题，更加坚定了在幼儿园开展STEM教育研究和实践的决心。

第一节　遇见STEM

一、STEM是什么？

STEM是科学（Science）、技术（Technology）、工程（Engineering）和数学（Mathematics）四个英文单词的首字母缩写，代表科学、技术、工程、数学四门独立的学科领域。

我们首先有必要弄清楚四个学科的基本概念。韦氏词典中对四个学科的概念定义是：

科学：基于在实验和观察中获得的事实来认识或研究自然世界。

技术：在工业和工程等领域运用科学来发明有用的东西和解决问题。

工程：运用科学方法设计、建造大型结构、新产品或新系统的工作。

数学：关于数的科学，研究数与运算、关系、组合、概括和抽象；关于形的科学，研究空间形状的结构、测量、转换和归纳。[1]

STEM既是四个独立的学科领域，又强调四个学科的整合，同时其内涵又是延伸和拓展的。

---

[1] 康塞尔 S，埃斯卡拉达 L，盖肯 R，等. 与幼儿一起学习 STEM：用斜坡和轨道开展探究性教学 [M]. 徐晶晶，译. 南京：南京师范大学出版社，2019.

STEM倡导基于问题解决的跨学科整合学习，引导学生理解如何将学习与解决真实世界问题相联系，为学生创造出更为有效的学习方式，有利于提升学生的科学探究和工程实践能力、信息技术能力、创新意识和创新能力，体现在好奇心和想象力、沟通交往能力、合作协作能力、批判性思维、主动解决问题的能力、获取和分析信息的能力等21世纪人才所需素养和技能，因此越来越受到各个国家重视，成为当今教育改革和发展的新趋势。

二、早期STEM教育是必要的

儿童天生好奇，对身边的事物充满了热情，每天都有无数的问题。这些问题有些是他们对未知世界的强烈的认知愿望，有些是生活中遇到的需要解决的问题，有些是孩子们的突发奇想……当投入到对各种问题的探索中时，孩子们便化身为小科学家和小工程师，他们的每一段冒险活动中都存在着可以帮助他们理解和解决问题的观察活动和操作活动，STEM经验就萌芽于与环境的观察与互动之中。

在学前教育阶段，教育者要善于抓住孩子们的问题，积极为他们创设和提供探索的环境和机会，组织有一定挑战性的活动，引导幼儿接触和运用STEM各学科的知识开展学习活动，让孩子们通过制订计划、动手操作、同伴合作、分析判断、质疑反思、沟通交流等来解决问题，从而不断地建立自信，提升自主学习能力，培养探究技能，形成科学思维和工程思维，也有助于儿童STEM意识和STEM素养的形成，从而更好地应对未来生活中的诸多挑战。

第二节　西工大幼儿园STEM课程实践探索历程

在学习与研究中，我们逐渐明晰了STEM教育的相关理念，这种基于解决问题的学习方式，让我们感受到了它对传统灌输式教育方式的挑战。这些理念如何在幼儿园

日常教育中落实,是当前幼儿园教育工作者迫切需要解决的问题,于是我园教师团队开始了STEM教育理念在幼儿园实施的实践研究。经过五年的不懈探索,我们摸索出一条幼儿园STEM教育从理论到实践的探索之路:发现STEM—走进STEM—建构幼儿园STEM课程。我们的实践探索经历了三个阶段。

一、摸索阶段:发现STEM——幼儿园区域中的STEM活动实践

在幼儿园开展STEM活动初期,我们认真研读STEM相关文献和《3~6岁儿童学习与发展指南》(简称《指南》),从思考STEM教育与当前开展的幼儿园教育活动的联系与区别入手,逐渐厘清思路。《指南》在科学领域对技术与工程教育的内容有一些涉及,如在科学领域的典型表现中提到以下内容:"能经常动手动脑寻找问题的答案""在成人的帮助下能制定简单的调查计划并执行""能用数字、图画、图标或其它符号记录""初步感知常用科技产品与自己生活的关系"……这些描述渗透了工程、技术教育的内容,但并未将其作为独立的学科提出,并且科学和数学在幼儿园的学习中也是两个独立的学科。如何在日常保教活动中实施工程和技术教育?如何将数学、科学、工程、技术四个学科的内容进行整合?每个活动整合几个领域的内容?通过什么形式整合?针对老师们的困惑,研究团队提出了以下问题,并围绕这些问题的解决开始了第一阶段的实践。

(1)幼儿园STEM教育的内容来源于什么?目前幼儿园的教育活动中哪些是最具有STEM特征的?

(2)幼儿园里的工程教育和技术教育包括哪些内容?如何实施?

(3)如何在幼儿园的各项活动中开展跨学科学习?科学、技术、工程、数学等学科内容如何在活动中整合?

以问题为导向,积极开展实践活动,反复尝试找到问题解决的方法。在搭建停车场活动中,孩子们遇到了许多实际的问题:停车场的车位应该怎么划分?每个车位大小怎么确定?怎样划分出一样大小的停车位?在解决这些问题的过程中,孩子们运用到数学的等分、测量等方法,并尝试使用模具解决规格及标准的问题。探索停车场

绪言　西工大幼儿园STEM教育探索历程

标识的时候，孩子们发现每个车位都有车位编号，通过对车位编号序列的观察，理解了序数的概念和数字符号在生活中的使用与意义。在停车游戏中，孩子们发现了安全通道，以及在停车场停车时车位间存在安全停车距离，从而进一步合理规划和改进停车场车位间的空间布局。在制作停车场入口升降杆的过程中，孩子们运用了杠杆原理……停车场搭建成功，满足了孩子们的游戏愿望，孩子们经历了一个完整的"工程实践活动"：孩子们基于游戏中搭建停车场的任务，在教师的支持下运用了多种方法（调查、探访、观察、查阅资料、设计、数据分析、讨论、分享……）以及多种现代技术和简单的工具解决问题，在主动学习的过程中丰富了各学科的经验和知识，达成了游戏活动的目标。通过这些实践过程，我们理解了幼儿园的工程教育和技术教育的内涵，同时欣喜地看到幼儿基于工程实践活动有机整合各学科经验开展跨学科学习、主动建构知识的过程，更加理解了STEM教育的意义所在，收获了以下有益经验。

1.幼儿园STEM活动应在真实的生活情境下开展

STEM教育理念倡导的是任何问题的解决都要置身于真实的生活情境之中，即在整个的STEM教育活动之中，幼儿所要解决的问题、解决问题的过程以及解决问题运用的知识经验，都应与生活密切相关。创设真实的游戏情境，提供真实的材料和工具，孩子们在动手操作解决真实存在的问题时，可以主动融入活动之中，明确自己的任务和角色，积极与同伴发生互动，在讨论、协商中迁移和整合相关的学科经验，在反复操作中解决问题。幼儿通过自身的操作与物质环境发生相互作用，积极投入到实践、反思、创造的过程之中，从而习得和发展相关经验。

2.幼儿园STEM活动应鼓励幼儿在动手操作中学习

儿童喜欢拼拼拆拆，在成人眼中看似是一种"破坏行为"，但幼儿解构物体的过程其实就是对物体结构的探索过程，发现各种零件的作用和相互关系，同时也在组装物体的尝试中进行新的创造。在STEM活动中，孩子们会提出问题，制订计划，在动手操作中运用各种感官去探索各种材料的物理属性，并在实践操作中不断优化和完善自己的想法，在反复试误中找到解决问题的方法，这正如科学家和工程师的思维方式和

行动过程。儿童在这种开放式的动手操作中，通过整合经验进行实践学习而获得的相关能力会让他终身受益。

STEM活动中教师结合幼儿园区域活动材料丰富，环境自主、宽松的特点，根据幼儿解决问题的需要收集各种生活材料，投放适合的工具（图书、电子设备、螺丝刀、钉锤等实用工具），支持幼儿以问题为任务驱动，积极主动地投入到解决问题的实践探索过程中，实现在操作中学习，从而增强其积极探索的热情和主动学习的能力，获得自我的发展。

3.幼儿园STEM活动是以工程活动为主线的活动

在STEM活动中，孩子们基于要解决生活和游戏中的现实问题，如孩子们想搭建一个四通八达的"立交桥"，想搭一个蔬菜篷帮种植园的小蒜苗度过寒冬……所开展的一系列基于问题解决的实践活动中，他们经历了调查、设计、探索材料，利用学科概念和经验解决实践中问题，最终形成产品的过程，是非常具有工程特征的活动。这样的工程活动为孩子们提供在过程中运用数学、科学和技术领域的知识和经验来解决遇到的复杂问题的背景环境，解决问题的过程是系统的并有创造性的。正如南京师范大学张俊教授提出的，"STEM教育强调跨学科的整合学习，尤其强调通过以工程为核心的制造和制造活动来解决生活中真实的、有意义的问题，这是其最核心的价值取向"。幼儿园的STEM活动经历了提出问题—积累经验—设计方案—工程实践—形成产品（问题解决）的完整的工程活动过程，其中在工程实践过程中又经历了设计—制作—调试—改进等不断迭代的、循环的实践过程，期间孩子们不断遇到新的问题，反复优化设计，充分调动科学、技术、数学等已有经验和知识尝试寻找解决问题的最佳方案，实现真正意义上的探究性学习，形成了初步的工程思维。

4.STEM活动应充分利用幼儿园的园所教育环境

幼儿园丰富多彩的教育环境为孩子的一日生活提供了许多教育契机，教师应充分利用幼儿园室内外的各种区域环境开展相关STEM教育活动，不断地拓展STEM教育活动的实施场域，引导幼儿积极利用环境中学习、探索、实践的机会和资源，开展丰富多彩的STEM活动解决孩子们的真问题。例如：在室内建构游戏中围绕孩子们想搭建真实生活中的"立交桥""停车场"引发的STEM活动；在幼儿园植物迷宫游戏后，孩子们想在益智区制作能在桌面玩的迷宫而开展的"神奇的迷宫"制作活动；户外运动时小朋友想玩"曲棍球"游戏，于是大班的孩子动手制作了曲棍球，并自己讨论制定了比赛规则，实现了他们的游戏愿望；冬天时担心种植园的小蒜苗被冻死而开展的"搭建蔬菜大棚"活动；为幼儿园小树林的小鸟们制作"鸟巢"的活动……这一系列STEM活动均来自孩子们与环境互动中的想法和问题，教师捕捉到了这些有价值的问题，支持幼儿探索与生活相关的现实任务，形成了一个个有意义的活动，丰富了幼儿园的STEM课程内容，促进了孩子们的STEM素养和能力的发展。

在这个过程中，教师的STEM意识不断提升，在幼儿的一日生活中，教师越来越注重对幼儿的观察，敏锐地捕捉和发现幼儿生活中感兴趣的事物、现象和问题，分析和判断哪些是有价值的、值得进一步探究的STEM问题，并以问题为导向引导幼儿开展探索和实践活动，形成了一个个有价值的幼儿园STEM活动案例。这些有益的经验为我们开展下一阶段的STEM实践探索奠定了良好的基础。

通过区域活动开展STEM教育实践活动，我们从最初的茫然无措到不断收获惊喜，认识到STEM教育活动对幼儿的长远发展具有不可估量的价值与意义：它不追求高深的科学、技术、工程和数学知识，而是在生活活动中，引导幼儿进行以解决问题为导向的主动学习和探究，在动手实践中培养科学和工程思维，在团队合作中发展社会交往能力，并在不断"试误"的过程中养成坚持、乐观的学习品质，从而为终身学习打下坚实的基础。

二、深化阶段：走进STEM教育——幼儿园STEM项目活动实践

在区域中开展STEM活动的研究为我们开启了一扇通向幼儿园STEM教育实践的大门，让我们在理论研究的基础上进一步理解了STEM教育理念的内涵，提升了教师的STEM教育意识，积累了一些幼儿园开展STEM教育的实践经验，我们开始探索以项目学习的方式开展班级STEM教育，研究团队开始思考：

（1）如何将STEM教育理念渗透于幼儿一日生活的教育活动之中？

（2）如何挖掘与幼儿生活密切联系的STEM教育内容？

（3）如何提升教师开展STEM教育的能力和策略？

（4）幼儿园STEM教育活动的实施路径是什么？

在STEM项目实践中，教师们总结出项目学习具有以下特点：有一个驱动或引发性的问题，有一个或者一系列最终作品，关注多学科交叉的知识，强调学习中合作，等等。这与我们前期开展的区域STEM教育实践经历了共同的学习过程，具备共同的活动特点，强调在真实的任务中学习，强调在动手实践中学习，可见项目学习为STEM教育提供了良好的平台与机会。

幼儿园的孩子对生活的方方面面都充满了好奇心，以项目学习的方式开展STEM活动，强调问题意识、工程意识、融通意识的培养，能更加完整地让幼儿经历明确问题、丰富经验、制定方案、解决问题的历程，帮助其发展合作学习的能力，使其成为主动学习者和终身学习者。

结合前期班级STEM活动的经验，教师重点针对在幼儿园一日生活中如何捕捉幼儿STEM学科问题，围绕STEM学科知识和经验开展项目学习展开了一系列研究和实践，每周定期开展的幼儿STEM学习研讨中积极分享自己的收获和困惑，团队成员共同查文献、找资料、提供资源、模拟实践……利用集体的智慧解决当下的问题，这就是生动的项目学习过程。

两年来，孩子们开展了丰富的STEM项目活动，这些活动的主题和内容来源于幼儿在园和家庭生活的方方面面。如，"旋转衣架"项目活动解决了冬天衣服增多，没地方挂的问题；"篮球架"项目活动解决了班上篮球的存放问题；"微店"项目活动，孩子们基于要把制作的产品销售出去的想法，真实体验了现代生活中商品流通各环节的工作，成功地销售出自己的产品；"沙包""运球器"项目活动解决了幼儿在体育活动中的器械问题；"多米诺游戏""消防车"项目活动实现了幼儿创造性开展游戏活动的愿望；"古老的钟楼"项目活动来自主题活动"对家乡的认识"，幼儿体验了建构家乡的古代建筑；"电影的秘密""小球的旅行"项目活动激发了幼儿探索科学的兴趣，丰富了科学经验；"皮影""活字印刷"项目活动结合中国文化，让幼儿体验了科学技术对生活的影响,让他们心里萌发了民族自豪感;"鸟巢""小树围栏"项目活动满足了幼儿热爱自然和关爱生命的情感和愿望……

在项目活动中,教师引导幼儿根据自己在生活中关注的事件和活动,提出有意义的问题和设想,通过师幼、幼幼、亲子讨论聚焦具有STEM价值的真问题,通过多种方法(讨论、调查、实地探访)与幼儿建立共同的项目背景经验,讨论制定工程方案。教师积极为孩子创设活动情境,提供丰富的材料、工具,支持孩子的实践探索和问题解决。在整个过程中,利用头脑风暴、产品介绍、经验分享、合作分工等方式搭建同伴间合作性学习的平台,鼓励幼儿运用多种方式(谈话、设计图、绘画作品、手工作品、调查报告、数据分析、展板等)分享自己的经验、问题解决的过程和方法,以及对活动的体会。

梳理与总结此阶段的STEM项目活动实践经验,我们从主动参与的幼儿和提供多样化支持的成人(即教师、家长)两条线索出发,提炼出幼儿园STEM项目活动实施中的六个环节:发现问题—头脑风暴—催化情境—工程设计—实践探索—分享表达。同时,我们提出了教师项目活动指导八策略。

策略一:筛选幼儿关注的问题,深度聚焦STEM问题

在幼儿园STEM活动中,幼儿会提出各种各样的问题,教师要筛选出可持续探索的有价值的真问题,推动活动的持续发展和学习的深入,鼓励幼儿在问题的解决中不断生发学习思考。

策略二:有目的地观察幼儿,提供适宜支持

在STEM活动中,教师应关注儿童真实的学习与生活,从儿童出发,在幼儿解决问题的过程中,详细客观地观察与记录儿童的行为表现,了解幼儿在操作中的问题、思路和困难,提供适宜的支持,促进其深入探究。在这样循环往复的过程中,教师更加了解儿童,其自身专业也获得成长。

策略三:有意识地引导幼儿获得STEM学科经验

项目的内容确立后,教师首先应对项目活动中可能涉及的相关学科经验进行分析、思考,基于儿童的发展提出活动预设目标,在活动中有意识地引导,创造条件,

多方支持幼儿获得相关经验，同时要注意追随幼儿的问题和实践的发展进程生发活动，在实践中提升和丰富幼儿的STEM学科经验。

策略四：为幼儿提供多样化支持，满足其探索需要

在开展项目活动的过程中，教师要积极挖掘与项目相关的资源，探访专业人员，利用社区资源、图书资源、互联网、博物馆等，丰富孩子的项目经验，同时应积极创设班级项目活动环境，提供项目操作材料，支持孩子的持续探究。

策略五：激发幼儿问题解决意识，鼓励幼儿在反复操作和迁移经验中解决问题

幼儿的问题解决意识和方法，是需要成人加以引导的，否则幼儿可能只是提出问题，并不关心问题的解决，丧失了在解决问题的过程中获得发展的机会。一旦教师将其自主解决问题的意识激发，幼儿的相关经验才会得到调动，能力和思维才会得到发展。当然，当幼儿遇到难以解决的问题时，教师不要急于给予答案或者帮助幼儿直接解决，而是应为孩子创设环境、提供材料、收集资源，提供支持幼儿自己动手、想办法解决问题的机会。在活动中应不断地深入聚焦问题，引导幼儿在迁移经验、探索材料、使用工具、试误的过程中获得并内化解决问题的方法。

策略六：鼓励幼儿在试误中学习，并获得成功体验

幼儿在项目实施的过程中会遇到一个又一个问题和难题，在调动多方面的知识和经验尝试通过不同的途径、方法解决问题的过程中会经历多次失败，在试误中，幼儿会逐渐明晰事物之间的内在联系，发现规律，解决问题，达成目标，获得成功体验和自我成就感。整个过程中教师应当不断鼓励幼儿动手实践，不断反思，提升经验，坚持不懈，最终取得成功，同时成功的体验又会激发幼儿下一次探索的兴趣。

策略七：支持高水平的合作性学习

STEM项目活动倡导团队学习，在合作性的探究学习中，幼儿会面对同伴、教师不同的观察方式、观点及解决问题的思路、方法、结果，这些都会与自己原有经验产生认知冲突。在冲突中，幼儿可以反思自己的观点，又可以理解和接纳别人的想法。这恰恰就是观点的交流、智慧的碰撞，是成员间的切磋和合作，有助于激发幼儿的深入思考和批判性反思，建构新的、更有层次的理解。在STEM项目活动的进展中，教师应

积极为幼儿创造合作学习和解决问题的机会，运用头脑风暴、数据分析、分享经验等方法引发合作性学习。

同时鼓励幼儿根据自己的兴趣和经验自然组建团队，并在活动中通过自我评估和他人评价发挥自己的所长完成任务。

策略八：鼓励幼儿多元表达

在STEM项目活动中，鼓励幼儿在项目活动进行的各个阶段积极运用多种方式，如信息交流、绘画作品、多媒体手段（拍摄视频、图片，制作PPT）、制作展板、戏剧表演、产品发布等进行分享表达，分享自己获得的相关经验，展示自己的成果和进步。通过分享和表达活动，幼儿更加明晰解决问题的思路，学会不依赖成人独立思考，变得更加独立、自信。

经过这一阶段的研究，我们发现幼儿园环境中和幼儿一日生活中处处蕴含着STEM的教育契机。随着对STEM教育内涵的深入理解和教育实践能力的提升，教师更能及时发现和捕捉幼儿有价值的问题生成STEM项目活动，在多次操作中提炼出易操作、可借鉴的实施路径和教师指导策略，为幼儿园建设STEM课程建设积累了丰富的经验。

三、建构阶段：总结完善STEM经验——幼儿园STEM课程建设实践

通过五年孜孜不倦的理论学习和坚持不懈的实践探索，我们积累了开展幼儿园STEM活动的丰富的经验，明确了STEM教育的内涵和价值是，以人的发展为核心，在有意义的学习过程中让孩子主动建构科学、技术、工程、数学及其他领域的有机联系，运用跨学科的经验，积极地在与同伴的合作中解决问题，实现深层次的学习。在这个过程中孩子们的自信心不断增强，获得应对未来挑战的信心和能力，并在团队的合作中学会尊重他人，并赢得他人尊重，在反复实践和反思中获得批判思维和创新能力的发展，这正是STEM教育的魅力所在。

为了更好地促进幼儿园的内涵发展，我们认真总结了前两个阶段实践经验，将实践的成果进行归类、梳理，认真思考各类活动之间的逻辑关系，思考如何将教师的活动

视野转变为课程视野。在深入学习课程理论的基础上，我们以《幼儿园教育指导纲要（试行）》《3～6岁儿童学习与发展指南》为指导，以建构主义教育思想为主要依据，借鉴高瞻课程、项目课程、美国K-12阶段课程的核心素养等相关经验，从课程理念、目标、内容、实施、评价等方面，积极建构起具有特色的幼儿园STEM课程。

1．提出"快乐自信、好奇探究、融合创新"的课程理念

我们立足幼儿的可持续性发展，更好应对智能时代带来的生活挑战，提出了西工大幼儿园的STEM课程愿景："快乐、自信——奠基幸福生活；好奇、探究——促发主动学习；融合、创新——适应未来挑战"。快乐、自信是积极的情感态度，是奠基幼儿一生幸福的重要品质；好奇、探究是主动的学习方式，是推动幼儿持续发展的不竭动力；融合、创新是急需的核心素养，是满足幼儿适应未来生活和挑战的必备能力。

2．确立"提升素养、奠基未来"的课程目标

遵循《幼儿园教育指导纲要（试行）》《3～6岁儿童学习与发展指南》的精神，依据幼儿的年龄特点和发展规律及STEM教育的特点，提出"培养具有勇于探究、敢于创新、乐于协作、善于表达等STEM素养的未来公民"的目标，以期为儿童的可持续发展奠定坚实的基础，使其更好地适应未来社会的生活与挑战。

3．丰富以"探究、整合、思辨"为特点的课程内容

西工大幼儿园STEM课程贯穿并支持幼儿的一日生活，是促进幼儿学习和发展的组织形式和有效载体。我们依据STEM课程目标，遵循幼儿的兴趣和发展规律，结合"目标达成原则、生活性原则、适切性原则、整合性原则"等，从幼儿的一日生活中选择、设计、生成课程内容，注重课程内容与幼儿生活的密切联系，强调在真实情境中有机地整合各学科内容解决真实问题，构建了生活小能手、游戏小玩家、科学探秘者、文化小使者、健康小达人、小小建筑师等六个板块的幼儿园STEM课程内容。

4．提炼"双主体、六环节、八策略"的课程实施路径

基于STEM教育的特点，以项目活动为载体开展STEM教育活动，在教育实践中梳理出了幼儿园STEM教育活动实施的有效路径，即"双线索、六环节、八策略"。从幼儿和成人(教师、家长)两条线索出发完成实践活动，以发现问题—头脑风暴—催化情

境—工程设计—实践探索—分享表达六个环节展开活动。

5.优化"促进师幼发展、提升课程质量"的评价方案

坚持以发展为核心的价值取向，积极探索有助于促进幼儿发展，提升教师实施课程的专业能力的评价方案。我们通过观察、记录孩子们在项目探究活动中表现出的一系列行为，注重幼儿在参与STEM项目活动中的情感态度、能力和价值观的表现，作为依据来评价幼儿各方面的能力，分析幼儿的思维发展，界定儿童的发展水平。通过分析教师在项目活动中的多方面表现评价教师的专业技能，帮助教师提升STEM专业能力。在课程方面，收集幼儿和教师在项目活动中的真实信息并进行分析判断，以期对园本课程建设进行正确指导，提升西工大幼儿园STEM的课程质量。

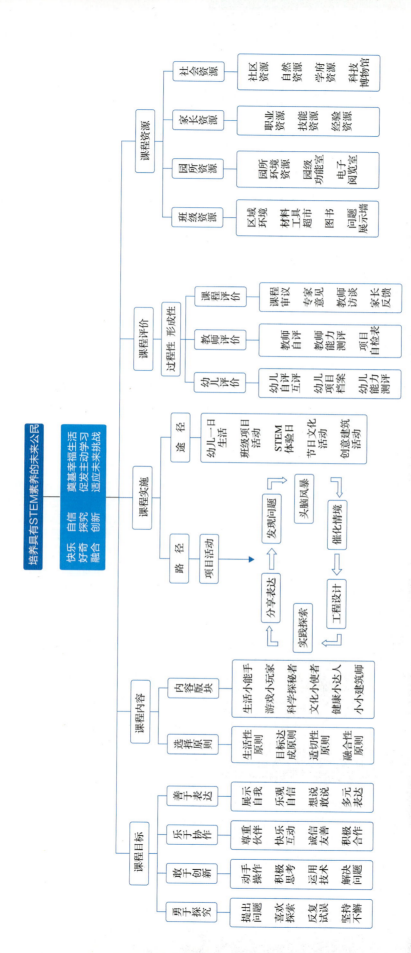

幼儿园STEM课程框架图

STEM

课程理论篇

第一节　明晰幼儿园STEM课程理念——引领课程实践

西工大幼儿园一直秉承"办学府精品名园，走内涵发展之路"的办园目标，致力于培养"快乐幸福成长，全面和谐发展"的新一代儿童，努力探索优质的、为幼儿留下幸福记忆的幼儿园课程，为幼儿可持续发展和应对未来挑战奠定良好的素质基础。幼儿园的STEM课程提出"快乐、自信；好奇、探究；融合、创新"的课程理念。快乐、自信是积极的情感态度，是奠基幼儿一生幸福的重要品质；好奇、探究是主动的学习方式，是推动幼儿持续发展的不竭动力；融合、创新是急需的核心素养，是满足幼儿适应未来生活和挑战的必备能力。

一、快乐、自信——奠基幸福生活

今天的儿童是21世纪的主人，面对未来社会的变革与挑战，他们不仅要拥有应对挑战的各种生活能力，更要具备良好的心理素质。自信心和乐观豁达的态度能为幼儿拥有幸福生活奠定坚实的基础。

自信即"自己相信自己"，确信自己能把事情做好，同时是一种"相信自己"的积极心理状态。古语有云，自信心作为一种强大的内驱动力，能激励人在对事物和现状有一定认识的基础上，坚持不懈地运用自己的智慧去完成任务，实现既定目标，完成自我理想。当儿童对自己充满自信时，它就像一粒种子播种在孩子的心灵中，它会不断生长壮大，激励儿童相信自己的能力，并促使他们产生积极主动的探索愿望，无论遇到任何问题和难题，都能积极思考，坚持不懈，完成目标。在这个过程中，儿童逐渐养成乐观、勇敢、独立等品格，自我能力得到认可和提升，自我意识不断成熟和发展。

快乐是人的心理需要满足的状态，主要指的是情感的享受和精神的愉悦。儿童相信并凭借自己的能力达到目的,实现愿望之后会感到幸福和满足,这种愉快的情绪体验就是一种快乐。而面对挑战和挫折时,儿童通过坚持不懈的意志努力获得成功的体验后,这种幸福之感、幸福之乐愈发弥足珍贵,它能引发儿童不断创造、探究和成长。

由此可见,自信和快乐两者之间是相互联系、相互促进、共同发展的,我们通过教育使儿童养成这些优秀的品质,为其当下和未来的幸福生活奠基。正如虞永平先生所言:"幸福是科学的幼儿教育应有之义,其内容和过程应该能够激起儿童的幸福感受,让儿童感到满足和兴奋,关键在于'在儿童教育中运用隐藏在儿童内心深处的那些力量',这些不仅可能,而且必须这样做。"①

在STEM课程中,遵循幼儿的发展水平,以幼儿兴趣为导向,以问题为驱动,教师为幼儿创造真实的情境,提供丰富的材料,鼓励幼儿在"做"中学习,在"过程中"体验。幼儿在解决问题的过程中会遇到很多有挑战的难题,这是很好的教育契机。在教师的支持和鼓励下,幼儿积极寻找解决问题的方法,尝试调动已有经验,多渠道寻求帮助,在不断"试误"的过程中,主动进行自我反思,寻找失败的原因,重新尝试,坚持不懈,直至最终找到解决问题的方法。幼儿在这个过程中是充满挑战和历经艰辛的,但正是有了试误中的学习、反思中的发现、成功后的喜悦,才能更加理解成功的真谛,获得真正意义上的快乐体验,形成自信和快乐的品质。这将在他们的童年生活中留下难以磨灭的印记,潜移默化地使幼儿确信自己的能力。这种自信、乐观的积极情绪可以为幼儿留下幸福的童年记忆,成为影响其一生的重要品质。

二、好奇、探究——促发主动学习

儿童是未来的希望,肩负着创造未来的使命。创造的前提是掌握先进的科学知识,具备创造的能力,这些都要通过学习获得。这种学习不应是被动的接受,而应是积极主动的探索。对于儿童而言,他们天生好奇,对世界充满了探索的欲望,这是他们与生俱来的品质,推动其主动探索,促发其主动学习。正如我国教育学家陈鹤琴先

---

① 虞永平. 学前课程与幸福童年 [M]. 北京:教育科学出版社,2012.

生所言:"儿童的世界是儿童自己去探索,去发现的,他自己索求来的知识才是真正的知识。"这也是儿童学习的真谛所在。

好奇心是一种学习或了解某种事物的愿望,是人们主动观察、积极探索世界,形成创造性思维的内部动力,驱动个体对未知领域的发现。正如爱因斯坦曾说:"我没有特别的天赋,我只有强烈的好奇心。"陈鹤琴指出:"好奇心对于儿童之发展,具有莫大作用,儿童凡对于一切新的东西就产生出好奇心,一好奇就要与新东西相接近。"

儿童天生好奇,渴望学习,这一点与科学家不相上下,这种火花被心理学家称为内在动机的火花,是儿童探索世界的动力。周围环境中的诸多事物对儿童而言都是新奇的,很多都超越他们的预期和认知范围,于是他们每天都有无数个"为什么?""是什么?"看似天马行空的问题,蕴含着创新的萌芽。由此可见,好奇心为创新能力的发展奠定了坚实的基础,有助于推动科学发现和社会进步。

探究即探究性学习,它与接受式学习相对,强调学生在好奇心的驱使下,以问题为导向,自主探究,经历分析问题、解决问题、形成结论等过程。作为一种内在的精神品质,它旨在培养学习者的研究精神和创新能力。美国教育家杜威提出:"科学探究的教学过程就是要使学生在实践中获得经验的过程,主要引导和培养学生的学习兴趣,发挥其主观能动性和创造性,使其积极地参与到学习的过程中。"

《3~6岁儿童学习与发展指南》指出:"幼儿科学学习的核心是激发探究兴趣,体验探究过程,发展初步的探索能力。"由此可见,好奇是与求知、探究、发现、获取紧密联系的,在教育过程中我们要保护、重视、激发孩子的好奇心,激发他们主动地在探究和学习过程中发现真理,体验感悟,获得经验,提升能力。南京师范大学王海英教授提出教育者的责任和使命是:"通过高质量的课程,让孩子的好奇心由一个问号变成两个问号,由两个问号变成三个问号,进而变成一种永无枯竭的好奇心。"

STEM课程尊重幼儿与生俱来的求知欲和探索欲,鼓励孩子提出问题,理解并捕捉儿童"天马行空"的想象和问题背后所蕴含的教育契机,以幼儿感兴趣的事物、现象和问题为任务驱动,经历明确问题、制订计划、动手实践、改进方案再实践等一系列自主探究的过程。在整个活动过程中教师为儿童留下问题的空间,积极创设真实情景，建立新旧经验之间的联系，融合多学科的知识和经验解决问题，鼓励幼儿运用批判性思维，在与环境材料的互动操作中不断试误，从而获得新的经验，达到问题的解决。这是一个有意义的学习过程，孩子们的好奇与想象变为现实，并主动建构起对周围世界的认知，学习变得有效且有深度。处于深度学习的孩子具有了主动探究的意识，在主动探究过程中学会从多学科、多角度、多维度来分析和解决问题，实现了学习从"学会"到"会学"的质的突破，提升了儿童的综合素质，为其后续的学习和发展提供了持续的动力。

三、融合、创新——适应未来挑战

智能时代带来科技高速发展，但新问题也层出不穷，对我们而言是一个挑战和机遇并存的时代。未来社会急需的人才应具备创造新事物、解决新问题的能力，具有创新思维和能力的人才是推动社会进步，推动国家、民族发展的不竭动力，因此我国提出的中国学生六大核心素养中的核心即创新能力，同时培养创新人才也是国家人才培养的首要任务和急切需求。STEM教育强调学生基于生活中的问题，融合各学科的知识进行动手实践，主动构建思维过程和方法，形成解决方案，有利于促进学生创新思维和品质的发展。

幼儿是天生的小科学家、小发明家，在日常生活中总是表现出科学家的热情和探索的欲望，也总能有许多新奇的想法想象出自己期望拥有的物品，并积极地投入到动手创造的过程中。这个阶段的他们好奇心重，求知欲强，富有想象，是培养创造能力的关键时期。我国学者吴康宁提出："幼儿自主创新是一种与生俱来的遗传本能，从幼儿愿意通过自己的尝试去发现这个大千世界，说明幼儿已经具有一定的创新精神。"在这一关键期注重对其创新潜质进行保护和开发，可为其创新能力的培养奠定良好基础。

STEM教育倡导以多学科交叉融合的理念为指导，具有鲜明的跨学科性，强调知识与能力并重，鼓励幼儿在解决问题的过程中运用科学、技术、工程和数学等多学科知识，创造性地解决问题。这种多学科融合的教育方式使学习与实际生活密切联系，只有将各种相关的知识和事物加以联系、贯穿，才能获得全面透彻的领会。可见融合是将所看所学真正地理解和内化，是通过表象理解事物的实质，是从感性认知上升到理性认知，其最终目的是创造创新。创新是人们为了发展需要，运用已知的信息和条件，突破常规，发现或产生某种新颖、独特的有价值的新事物、新思想的活动。融合创新是互相联系、互相促进的，在融合的基础上实现创新，在创新的推动下达到新的深层次的融合。随着时代的不断发展，新问题层出不穷，需要灵活多样的解决问题的新观念、新方法。可见创新对人类的文明和生活持续进步与发展具有重要的意义和长远的影响。

幼儿园的课程中提倡一日生活皆课程，强调幼儿的生活是整个的，是不可割裂的整体。正如我国学前教育家张雪门先生提倡的整个"教学法"，他认为："学科的界限须混合而不分，幼儿课程是做事的具体活动，而非孤独的抽象知识，儿童对活动对象的本质，无分析的必要，就是活动的本身，凡体力、思想、感情，也都不必分而且也不能分的。"[①]

西工大幼儿园的STEM活动积极实践融合的课程理念，倡导基于幼儿生活中真实的、有价值的问题，以工程活动为主线，在真实的情境中通过同伴合作、动手操作、沟通交流、质疑反思、调试改进、解决问题的过程自然融合多学科的相关经验，实现知识与方法在不同情境中的整合、运用和迁移，在此基础上生成新思路、新方法、新技术和新成果。整个学习过程中幼儿作为学习的主体，积极主动建构，形成批判思维，实现有意义、有深度的学习，逐渐发展创新思维，培养STEM素养，为更好地适应未来的生活奠定基础。

第二节 确立幼儿园STEM课程目标——提供课程依据

课程目标是体现课程价值追求的核心部分，为课程内容的选择和确定提供了参考

---

① 方晨瑶. 张雪门幼儿园行为课程及时代价值[M]. 南京：南京师范大学出版社，2018.

依据，也为课程评价提供了基本准则。我们期望通过幼儿园STEM课程探索培养具有探索精神、创新意识、乐于协作、积极表达的幼儿。

一、STEM课程的总目标

在STEM课程理念的引领下，遵循《幼儿园教育指导纲要（试行）》《3～6岁儿童学习与发展指南》的精神，依据幼儿的年龄特点和发展规律及STEM教育的特点，我们提出培养具有"勇于探究、敢于创新、乐于协作、善于表达"等STEM素养的未来公民的目标，为儿童的可持续发展奠定坚实的基础，使其更好地适应未来社会的生活与挑战。具体体现如下：

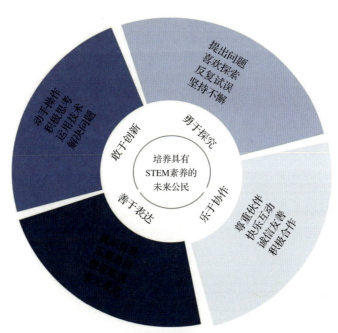

STEM教育总目标

1.勇于探究

儿童有着与生俱来的好奇心和探究欲望，探究是幼儿重要的学习方式之一，幼儿乐于探究能够为其终身的可持续发展奠定基础。STEM课程主张幼儿的活动应该基于自身的兴趣和意向去选择材料，并运用所有感官主动探究，发现事物间的关系，获得大量的直接经验，形成对周围世界的真实感受和理解。正如《指南》中强调，"幼儿的学习是以直接经验为基础，在游戏和日常生活中进行，我们应重视游戏和生活的独特价值，创设丰富的教育环境，合理安排一日生活，最大限度地支持和满足幼儿通过直接感知、实际操作和亲身体验获得经验的需要……"因此，我们力求为幼儿创设直接感知、实际操作和亲身体验的环境和机会，支持孩子的主动探索，鼓励幼儿关注周围世界，并善于提出问题，在反复试误中解决问题，并养成坚持不懈的良好品质。

2. 敢于创新

创新能力是中国学生的核心素养。我们鼓励幼儿在提出问题、动手实践的过程中多角度、多层面独立思考，以独特的见解尝试运用各种技术，整合多项资源，达成问题解决。期望幼儿初步养成科学素养、技术素养、工程素养、数学素养等，为成为具有好奇心、想象力、批判性思维的创造性人才奠定坚实的基础。好奇心作为原始驱动力，推动幼儿不断地去探寻，并依靠想象力在探寻中超越现实的局限，从而拓展其思维空间。其间，批判性思维让幼儿不断挑战已有的知识，永远去寻找新的、更好的答案，丰富经验，获得成长。

3. 乐于协作

协作既是学习方法也是发展目标，STEM学习强调团队合作，每一个学习者在与集体的互动中将信息连接起来形成自己的见解，正如维果茨基提出的："知识是在社会互动中建构起来的，然后变成非常个别化的经验，这是一种'协作式的具体化'。"STEM课程以项目学习的方式为幼儿提供与他人（同伴、教师、家长）及环境积极互动的机会和平台，我们期望通过幼幼、师幼、亲子的合作学习，幼儿可以不断地反思自己的观点，并学习理解和接受他人的观点，激发深入思考和批判性思维，在合作、协商、分享、反思的过程中形成更有层次的理解，建构自己的知识框架，使自己和每个小组成员的学习都能达到效果最大化，建立更高程度的自信，学习更加投入，学习动力更足，并在过程中体验团队协作的乐趣和真谛，理解人与人之间的平等关系，学会用平等、接纳、尊重的态度对待差异，促进社会性发展。

4. 善于表达

表达是将思维所得的成果用语言、动作、表情、符号等方式反映出来的一种行为。在STEM课程实施中，我们积极为幼儿提供语言交流和表达的机会，让其在讨论中充分地和同伴交流自己收集来的关于项目的信息，调查的方法、策略，解决问题的思路，收获的研究成果及作出的解释，从而强化或综合在项目中学到的相关知识，提升幼儿的语言表达能力。

在项目开展的各阶段，搭建平台（班级展示区、课程分享日），鼓励幼儿通过多种途径（绘画、符号、作品、动作）展现自我的学习经历和对事物的理解认知，以及班级项目进行各阶段的工作成果、进展安排，让学习的过程变得可视化，从而使幼儿变得更加独立，更加自信。同时，幼儿的表达也为我们更加科学地评价STEM课程中幼儿的学习与发展提供了重要依据。

第三节　建构幼儿园STEM课程内容——丰富课程实践

适宜的课程内容是保障幼儿园实现课程目标的重要保障，应依据《幼儿园教育指导纲要（试行）》《3~6岁儿童学习与发展指南》的教育价值观和园本课程目标选择利于幼儿发展的学习经验。一方面要满足儿童个人的需要，符合儿童内在本质，如天性、需要、兴趣等；另一方面要满足社会时代的需要，追求儿童理智健全、人格完整，为社会培养高素质的公民。《幼儿园教育指导纲要（试行）》指出，"教育活动内容的选择应体现如下辨证原则：既符合幼儿的兴趣和现有经验，又指向有助于达成教育目标的新经验；既贴近幼儿的生活，又考虑未来发展的需要；既体现内容的丰富性、时代性，又注重幼儿学习的必要性、可能性以及与小学教育内容的衔接"。

虞永平教授认为幼儿园最有价值的学习内容是：①是符合幼儿的需要和兴趣的，是顺应幼儿天性的；②必须是指向幼儿的全面、和谐发展的；③学习内容必须能有效促进幼儿的发展，必须是经过适合幼儿身心的教学法加工，能有效地为幼儿所掌握

的；④能直接以儿童感兴趣的方式呈现的。①

我们在选择STEM课程内容时，将STEM理念贯穿于幼儿一日生活之中，依据生活性原则、目标达成原则、适宜性原则、整合性原则挖掘幼儿生活中感兴趣的、顺应其天性的、能促进儿童全面发展的活动内容，利用项目活动在真实的情境中有机地融合各领域的经验解决问题，提升STEM素养，促进幼儿的可持续发展。

一、课程内容选择的原则

1.生活性原则

幼儿园课程内容要贴近幼儿的生活世界，从幼儿生活的自然和社会环境中去选择。与现实生活距离越近，就越能激发幼儿的学习兴趣，幼儿的学习就越有效。

STEM教育非常强调当下学习探索的经验要为将来生活作准备。因此，STEM教育活动内容首先应来源于幼儿的现实生活，在日常生活中鼓励幼儿在真实的情境中解决实际生活中的真实问题，感受到学习与生活的关系，萌发动手解决问题的愿望，获得问题解决而带来的成就感。

如"旋转衣架"的项目就源于冬天到了，孩子们穿的衣服越来越多，有大衣还有背心，班上挂衣服的架子不够用了，而且背心和大衣挂在一起，外出活动时特别难找。孩子们萌发了添个衣架的想法，特别想自己动手做一个衣架专门挂背心。关于做个什么样的衣架，经过讨论孩子们的意见达成了统一：①足够挂每个小朋友的背心；②衣架会旋转，方便每个人取放。于是孩子们开始绘制设计图，寻找制作材料，分工合作，动手制作，期间解决了材料的尺寸和裁剪问题、安装问题、衣架的旋转难题、衣架头重脚轻站不稳的问题……衣架终于完工，解决了孩子们生活中的实际问题。

2.目标达成原则

幼儿园的课程内容要以实现课程目标为出发点，课程内容的选择应与课程目标所设定的价值体系保持一致，使选择的课程内容有助于实现课程目标。STEM作为科学（Science）、技术（Technology）、工程（Engineering）、数学（Mathematics)四个学科的

---

① 虞永平.学前课程与幸福童年[M].北京：教育科学出版社，2012.

简称，本身具有非常明显的学科特点。幼儿园课程内容的选择应凸显相关领域经验，在以工程活动为主线的实践活动中有机地渗透和开展科学与工程实践能力、学科核心概念和跨学科核心概念各领域知识内容和知识的学习，提升幼儿的各种经验和能力，促进幼儿的全面发展。

如大班项目活动"电影的秘密"，以探究发现光影成像原理、了解科学原理在生活中的实际应用为目标，从材料的属性、科学原理及技术的运用出发，将实践分为探索动画成像的秘密、制作3D眼镜、制作小影视机三部分。活动中幼儿通过不断调试改进模型，建立相关概念间的联系，发现科技带来的生活变化，萌发持续探索光影世界的兴趣。

项目名称		大班"电影的秘密"
科学与工程实践		1. 发现全息投影、视觉暂留现象，并初步体验感知其在生活中的运用。 2. 能够围绕制作电影的问题进行讨论，并探究。 3. 在活动中能运用设计单、记录表等进行记录和设计解决方案。
核心概念	科学	1. 发现长方形与圆柱体的关系。 2. 认识、了解并尝试制作四棱锥。 3. 发现材料的透光性，探索纸张、透明材料、扭扭棒等材料的属性。 4. 感受影视机片在不同速度下图画的变化。 5. 感受并体验光的反射带来的图案变化。
	工程	1. 在探究过程中对电影呈现的现象、条件进行深入探究。 2. 绘制简单的统计表、工程方案图等。
	技术	1. 了解光影相关的科学技术在生活中的实际运用。 2. 能够正确使用材料和工具。
	社会	主动承担任务，愿意向同伴学习。
	语言	在实践过程中有不懂的问题主动提出，并敢于在大家面前提出疑问。
	健康	懂得保护眼睛的重要性，掌握更多保护眼睛的知识。
	艺术	1. 能通过绘画的方式大胆表现，展示自己的想法。 2. 学会欣赏艺术作品，感受电影的魅力。
跨学科概念		1. 因果关系：进行多次实验，理解图片播放速度与动画间的关系。尝试进行简单的测试，推翻或支持自己的想法。 2. 结构与功能：了解投影仪不同组件间的关系和功能。

3. 适宜性原则

幼儿园课程内容要考虑幼儿的身心发展水平，适合幼儿的一般发展规律和年龄特点，保证幼儿获得基本的和必需的成长经验，发展幼儿各方面的素质和能力，同时还要符合幼儿的兴趣和需要。教师应重视对幼儿的观察，对活动的反思，将研究课程与研究幼儿密切结合，将预设内容与生成内容有机结合，灵活安排。

STEM教育内容是以幼儿感兴趣的现象、事物、问题为活动切入点，以幼儿感兴趣的问题为任务驱动，继而投入到解决问题的过程中，其间幼儿会碰到很多难以预料的问题，从而激发幼儿主动思考，发展幼儿积极探索的热情，并满足孩子的需要。正如张雪门先生所说的，"能够引起幼儿探究新经验欲望的东西就是他们需要的东西"。

STEM活动是以工程活动为主线的学习活动，强调幼儿在动手实践中迁移经验解决问题，是注重过程的学习。幼儿园中大班的幼儿动作发展越来越协调，有了较强的动手操作能力，也更加乐于探索问题背后的原因，拥有了一定的任务意识和愿意完成工作的意愿，因此我们在中大班以项目学习的方式开展STEM活动。教师关注幼儿的兴趣和想解决的有意义的问题，引导幼儿迁移经验解决问题。如"鸟巢"项目中，幼儿为了保护小鸟，萌发了为小鸟搭建一个家的想法，于是设计出各种形状的鸟巢，探索用不同材料制作鸟巢。解决了鸟巢用什么材料搭建才舒适、如何让鸟巢更加坚固、鸟巢如何挂到树上等一系列问题后，活动可以结束了，但幼儿又提出鸟巢挂在哪里小鸟才安全、怎么给小鸟喂食等问题。幼儿对这个活动所产生的浓厚的持续性的兴趣，使制作"喂鸟器"的后续活动应运而生，为幼儿积累了丰富的经验，使他们获得了成功愉悦的体验。

小班幼儿对问题持续探究的意愿薄弱，动手能力有待发展，因此我们在小班尝试开展具有STEM学科特点的小活动，如发现生活中简单的科学和自然现象，颜色混合会发生变化，植物会生长……尝试用生活中常用工具解决生活问题，感受科技成果带来的生活便利，如使用榨汁机打果汁，用小压花机压出各种图案进行美术创意……

4. 整合性原则

杜威认为："儿童是一个整体，他的生活也是一个整体，一个总体。"幼儿在生活中获得的各种经验是相互联系、相互促进的，幼儿的身心特点和学习特点决定了幼儿教育必须是整体性教育，而幼儿教育的整合最终体现在内容的整合。在选择课程内容时，应充分思考，尽可能使不同领域的课程内容之间产生联系，让幼儿以"完整儿童"的面貌面对完整的、相互联系的经验。

在STEM活动中，教师应为孩子们选择能直接体验、深入探索的问题和内容，提供多元互动的机会，围绕问题的解决，通过工程实践活动将各个层次和各个方面的知识有机地联系起来，进行跨学科的学习。

如项目活动"古老的钟楼"，活动源于中班主题活动"我爱家乡"。孩子们在讨论家乡最值得骄傲的内容时，关注到了名胜古迹，其中钟楼是大家最熟悉的古建筑，决定在班上搭建一座西安钟楼。

整个"钟楼"活动的开展源于幼儿的兴趣点，建构钟楼是依据幼儿自身的需求和经验，与同伴合作完成 "搭建钟楼"的任务，整合了科学、技术、数学、语言、艺术、社会等领域的知识和经验。

二、课程内容的设置

幼儿园STEM课程内容的选择应依据《纲要》《指南》的指引，遵循幼儿园课程内容选择的基本原则，同时应凸显STEM课程特点，使课程内容真正符合幼儿的学习经验，达到实现课程目标和促进幼儿发展的目的。

我们将STEM教育理念贯穿于幼儿一日生活的每一个环节中，注重幼儿生活与学习的联系，关注生活中幼儿的兴趣、发现和提出的有价值的问题，思考和架构内容与领域经验的相互联系，创设相应的环境，提供适宜的材料，整合各领域的知识经验，引发幼儿跨学科的探索实践，凸显STEM学科经验，培养幼儿的综合能力和思维，运用预设和生成相结合的方式，从生活小能手、游戏小玩家、科学探秘者、文化小使者、健康小达人、小小建筑师等六个版块建构幼儿园STEM课程内容。

1.生活小能手

基于幼儿生活体验生发的学习内容，为幼儿提供丰富有意义的经验，是STEM课程内容的重要组成部分。生活小能手的内容来源于幼儿一日生活中对环境的适应（幼儿参与设计园所安全标识，考察班级逃生路线并绘制逃生路线图，盥洗室集体洗手时排队路线……）、自我服务（探索和使用生活中各种便利的工具）、环境的管理（探索整体物品的方法和程序，制作收纳用具整理物品……）等方面。孩子的生活是无法预设的，每一天都会遇到各种各样的问题，他们运用从生活中习得的经验来解决生活中的各种问题，而解决问题的过程又成为推动自主深入探究的动力。

▲ 检验球架第一层成果

▲ 新球架投入使用

2.游戏小玩家

幼儿自发、自主、自由的游戏活动，对其发展有重要的价值，发现并解决游戏中的问题，对幼儿来说具有重要意义。此类STEM活动基于幼儿一日生活中感兴趣的游戏活动和操作材料生成，支持幼儿按照自己的意愿和能力在游戏活动中不断设计、探索、改进，以丰富其游戏体验，让其学会应对困难，满足其游戏的需要。

如在"多米诺大挑战"中，孩子们从游戏中发现的有趣现象出发，自由选择游戏材料，自主决定游戏的方式，围绕一个目标，制订共同的计划，最终在独自游戏—联合游戏—合作游戏的过程中，不断挑战游戏难度，并在协商和合作中共同完成活动。

▲ 大型联合游戏设计图

▲ 搭建好的大型多米诺游戏

3.科学探秘者

　　大自然为幼儿提供了丰富的资源，是最真实、最丰富、最具吸引力的天然课堂。我们充分利用自然环境，挖掘自然中的教育资源，从科学、工程、技术、数学等学科经验入手，选择生命科学、物质科学、地球与空间宇宙科学中与幼儿生活贴近的科学概念和现象为课程主要内容，将预设和生成有机结合，支持幼儿开展STEM项目活动。如"蔬菜棚"项目中，冬天的蔬菜快要冻死了，为了让蔬菜顺利过冬，孩子们萌发搭建蔬菜棚的愿望。在搭建的过程中，孩子们初步了解了测量、对称等概念，并通过自己的努力完成了制作蔬菜棚的任务，实现了保护大蒜的愿望。引导幼儿通过观察、比较、操作、试误等方法学习发现问题、分析问题、解决问题，满足幼儿探索自然环境的愿望，提升科学、工程素养，形成受益终身的学习态度和能力，达成STEM课程目标。如在"小球的旅行"项目活动中，幼儿积极探索利用斜坡与轨道搭建让物体移动的结构，积极地投入到工程设计和探究活动之中，运用科学、数学以及空间思维解决搭建中的问题，实现高质量的STEM学习。

▲ 设计带有坡度的轨道

▲ 搭建小球的轨道

▲ 实地测量

▲ 蔬菜棚投入使用

4.文化小使者

在幼儿园各项活动中学习人际交往和社会适应，利于幼儿健全的人格发展。在幼儿园STEM活动中，幼儿在项目进行时需要许多社会性技能，如在团队协作中孩子们要不断与他人交换意见和观点，学会与他人配合，彼此提供建议，鼓励反复试误等，不断发展幼儿适应社会生活的能力。同时在课程内容中渗透中华文化传统内容，潜移默化地培养幼儿的文化自信，萌发爱国情怀。我们挖掘适合在幼儿园开展的具有科技内涵的文化遗产（四大发明、二十四节气、非物质文化遗产）生成STEM课程内容，在项目活动中孩子们明确行动目标，利用各领域的经验对从事的任务进行规划和设计，在动手实践中尝试运用工具和技术从事简单的产品制作，在深度学习的过程中激发民族自豪和文化自信，感受科技的发展和力量对人类生活产生的重要影响。如"活字印刷"项目中，孩子们在雕刻、排版、印刷的操作过程中，体验印刷术对生活的影响，感受技术给生活带来的便利，萌发身为中国人的自豪感。

▲ 和面

▲ 分剂子

▲ 擀皮

▲ 包饺子

5.健康小达人

　　幼儿阶段是身体发育和机能发展迅速、安全感和乐观态度形成的重要阶段，幼儿园课程内容中应赋予健康教育特殊的地位。在幼儿园STEM课程中，幼儿在师生共建的温馨的人际环境中，在团队协作完成任务的过程中，感受同伴的关爱和支持，培养了机智、勇敢、坚持不懈、遵守纪律等优良品德和活泼开朗的性格，在解决问题的动手实践中锻炼了动作协调性，获得了终身受益的生活能力。在幼儿喜爱的运动游戏中，孩子们自己设计制作运动器械，开发运动环境和内容，自主、愉快地参与运动游戏。如大班幼儿自己制作沙包开展打沙包的游戏；用PVC管子设计制作运球器锻炼身体的平衡、协调以及团队协作能力；制作曲棍球杆和球门，自己协商游戏规则，开展曲棍球比赛……这些活动既满足了孩子们的游戏愿望，又锻炼了身体，实现健康教育的目标。

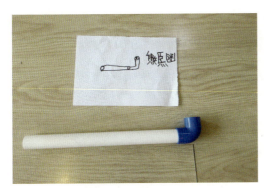
▲ 设计单人运球器

▲ 合作游戏真有趣

6.小小建筑师

　　建构活动既强调活动过程又强调搭建出的模型，是幼儿园最具有工程属性的游戏活动。STEM课程中专门将幼儿的建构活动作为课程有机组成部分，开发学习内容。幼儿基于搭建的任务，通过调查、实地探访获得各种信息和经验，制定方案，动手实践，综合利用科学、数学、工程、语言、健康、艺术各领域的经验和多种搭建技能表现其对生活的观察和理解，解决各种技术问题。

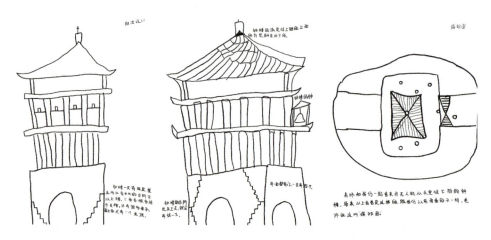

▲ 参观后绘制的钟楼设计图

▲ 搭建钟楼飞檐

▲ 搭建好的钟楼和城墙

第四节 探索幼儿园STEM课程路径——指导课程实施

项目活动为幼儿园STEM教育的实施提供了良好的平台与机会。以项目学习的方式开展STEM活动，强调幼儿问题意识、工程意识、融通意识的培养，可以让幼儿完整地经历明确问题、丰富经验、制定方案、实践操作、解决问题的历程。这一过程是有意义和有深度的，使幼儿成为主动的学习者。

在幼儿园中大班进行的STEM学习中，我们以项目活动为载体，将STEM教育渗透于幼儿一日生活的各环节中（生活、游戏、运动、学习及特色主题活动），教师鼓励幼儿根据自己在生活中关注的事件和活动，提出有意义的问题和设想，生成项目的主题，通过多种方法（讨论、调查、实地探访）与幼儿建立共同的项目背景经验，讨论制定工程方案。教师积极为孩子创设真实情境，提供丰富的材料、工具，支持孩子的实践探索和问题解决。在整个过程中，利用头脑风暴、产品介绍、问题经验分享、合作分工等方式搭建同伴间合作性学习的平台，鼓励幼儿运用多种方式（谈话、设计图、绘画作品、手工作品、调查报告、数据分析、展板等）分享自己收集的相关经验、问题解决的过程和方法，以及对活动的体会。在开展深入实践和不断反思总结经验的基础上，我们从主动参与的幼儿和提供多样化支持的成人（即教师、家长）两条线索出发，提炼出幼儿园STEM项目活动实施中的六个环节：发现问题—头脑风暴—催化情境—工程设计—实践探索—展示成果，分享交流。

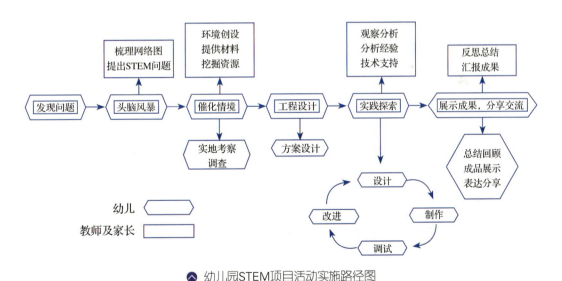

▲ 幼儿园STEM项目活动实施路径图

一、双主体：主动参与的幼儿和积极支持的成人（教师、家长）

在真实的游戏、生活情境中，幼儿积极地发现生活中感兴趣的事物、现象和问题，和同伴、成人交流讨论，形成初步的设想并制定解决问题的方案，随后积极主动地投入到解决问题的活动中，在反复的设计、制作、调试、改进的操作过程中调动已有的认知经验产生思考,主动运用多学科的知识解决问题,并尝试建立新旧经验之间的联系,提升经验,并能通过多种方式与同伴分享交流。

同时,儿童在活动中不是孤立的,除了与环境、同伴互动外,成人的支持是项目完成的保障。教师、家长要善于在观察中捕捉幼儿感兴趣的事物和问题,通过讨论了解孩子对此问题的理解和经历,引导其关注STEM问题,并基于问题带领幼儿多途径调查,丰富经验,创设真实的活动情境,引导幼儿大胆质疑,不断产生新的想法和思考,认真观察、分析幼儿的活动,适时为幼儿提供相关技术支持,搭建平台,引导幼儿运用STEM相关学科经验解决问题,不断反思,积极表达,引发幼儿一系列跨学科学习。

二、六环节及指导策略

环节一:发现问题

问题是探究的基础和原动力。幼儿的一日生活为其提供了丰富的生活体验,孩子们在与环境、同伴的互动中会产生这样、那样的问题,师幼积极讨论,梳理出其中有挑战的问题,在解决问题的过程中,体验真实的生活。

指导策略:

教师应注重对儿童生活的观察,在观察中发现和捕捉孩子们关注的问题、兴趣和探索需要,思考问题背后的教育价值,引导幼儿聚焦有意义的问题和发现的现象,使他们产生探索的愿望,生成STEM教育活动,鼓励幼儿以解决问题为驱动投入到动手实践中,与真实环境互动解决问题,开启孩子们的深度学习。

在STEM项目活动中,幼儿会提出各种各样的问题,这些问题有的是有价值的真问题,需要通过不断实践探究来解决,从而推动活动的发展和学习的深入,有的问题则偏离了项目活动的内容主线。这就需要教师判断哪些是真正的STEM问题,进一步深度聚焦,鼓励幼儿在问题的解决上不断生发学习思考,提升幼儿调动各种经验解决问题的能力。

环节二:头脑风暴

头脑风暴是工程设计师在解决具体问题过程中,列出解决问题的各种观点的详细

STEM课程理论篇

清单时常用的方法。我们将这种解决具体问题的方法引用到幼儿STEM项目活动的学习中。基于项目的主题，教师为幼儿提供一个放松的讨论环境，通过头脑风暴汇集幼儿已有的相关经验（信息、想法、经历），这些丰富的、具有差异性的现有经验是幼儿学习的新起点，有助于幼儿在自主探究过程中形成主动建构，从原有的经验中"生长"出新经验。在这个过程中，幼儿既可以梳理自己的观点，又可以学习理解和接收同伴、成人的观点，在思维碰撞中产生新的想法，生发出有价值的新问题、新经验。

指导策略：

教师应该注重为幼儿创设一个放松的讨论环境，基于问题，师幼、幼幼、亲子之间展开多形式、多方面的讨论，鼓励幼儿畅所欲言，无须担心自己的想法会面对遭到批评的风险，使孩子们进一步拓展思维，提出更有创新性的观点。教师在了解幼儿的认知水平、相关经验以及创造性的想法后，通过思维导图帮助其梳理相关想法，聚焦STEM真问题，在思维碰撞中激发幼儿的新观点，提出问题解决的设想，引发幼儿进一步的思考和实践。

在一个项目活动中，幼儿在头脑风暴后会围绕主题提出多个问题，教师首先判断它是不是具有STEM特征的问题，同时还需要引导幼儿深度聚焦这些STEM问题，开展更深入的讨论，引发幼儿深入的思考，并且伴随着问题的深度聚焦，幼儿会在问题的解决上不断深入探索，迁移更多的经验来解决问题，深度学习随之发生。如在"停车场"项目活动中，幼儿基于对停车场的生活经验，产生了许多问题，如停车场的车位、工作人员、标识、设施、管道、柱子等。教师与孩子一起探讨，共同梳理问题网络的过程中，围绕搭建停车场的任务，重点解决如何划分车位、制作停车场相关设施等具有工程特点的STEM问题，并开展深入的工程实践，完成了停车场的搭建。

环节三：催化情境

环境是幼儿认识和探索外部世界的主要媒介，STEM教育强调在真实情境中解决真实的问题。幼儿的学习本身是一个社会性的过程，是渗透在特定的社会或者自然环境中的，而"情境"将幼儿、知识、社会有机统一起来，情境不同，学习也不同。幼儿所要解决的问题、解决问题的过程，以及解决问题运用的知识经验都应与生活情景密切相关。创设真实的问题解决情境，提供真实的材料和工具，孩子们在动手操作解决真实存在的问题时，可以更加主动地融入活动之中，明确自己的任务和角色，积极与同伴发生互动，在讨论、协商中迁移和整合相关的学科经验，在反复操作中找到问题与已有经验之间的联系，进而更好地整合迁移各学科相关经验，解决问题。

指导策略：

真实的情境设置可以以更加直观的方式将问题展现在幼儿面前，幼儿在好奇心的驱使下，在宽松的环境中通过动手操作进行自主探究，主动建构知识，积极展现自我，理解生活的意义。在开展STEM教育活动中，我们尝试从园所资源开发、家长资源挖掘、社区资源利用等方面为幼儿创设真实的情境，满足幼儿主动探索的需要。

（1）开发园所教育资源。

1）创设班级STEM环境。

《指南》中强调："幼儿的学习以直接经验为基础……要珍视游戏和生活的独特价值，创设丰富的教育环境……最大限度地支持和满足幼儿通过直接感知、实际操作和亲身体验获取经验的需要……"在STEM教育活动中，教师应注重幼儿亲身体验和实际操作的学习过程，应依据幼儿的年龄特征、个体差异、活动需要，在班级活动中有意识地创设利于幼儿主动探究的项目主题环境，为幼儿提供丰富的多样化材料、工具、图书支持，让他们在自主意识的引导下，发现问题、动手操作、解决问题。

▲ 项目展示墙　　　　　　　　　　▲ 班级材料超市

△ 班级火箭项目环境创设　　　　　　　　△ 小棋手项目环境创设

2）利用园所自然环境。

幼儿园拥有沙水池、小山坡、种植园等户外游戏场所，同时种植了种类多样、四季变化明显的树木，为幼儿提供了充满大自然气息、安全、环保的大环境，也为课程的实施提供了良好的生态环境。幼儿在大自然中感受四季的更迭、气候的变化、植物的生长周期等，开展相关的游戏、项目活动，于真实环境中形成互动式、探究式学习。

△ 亲近自然的小树林　　　　　　　　　　△ 释放天性的玩水区

3）充分利用园级功能部室。

我们依托"创意美劳馆""科学发现室""儿童电脑室""儿童绘本馆"等功能部室为STEM活动提供实践场所和丰富的信息资源。如在创意美劳室结合STEM理念，创建木工区、陶泥区、创意区、绘画区等，提供丰富的创意探索材料，保障幼儿工程实践的需要；在科学发现室提供蕴含声、光、电、磁、力与运动等原理的操作材料和实验器材，支持幼儿探究和发现；在儿童电脑室提供相关检索工具、视频、课程信息资源包等指导幼儿学习信息查询的方法,支持幼儿运用现代信息技术开展学习;在儿童绘本馆为幼儿提供工程类、科普类图书,丰富幼儿相关知识经验,为开展STEM教育提供有力的支持。

△ 科学发现室

△ 儿童绘本馆

(2)挖掘丰富的家长资源。

STEM课程中家长是重要的课程资源,多样化的家长资源为推进项目活动顺利实施提供了更多的可能性。因此,我们在活动中充分利用家长的专业知识、职业资源、社会生活圈开展家长课堂活动,让家长成为幼儿园教育的合作伙伴,创建密切的家园互动关系、浓厚的家园共育氛围。

◁ 家长资源

（3）充分利用社区资源。

社区资源有助于为STEM教育目标的实现提供相应的支持和保障。幼儿园结合自身所处地理位置，着力开发附近的社区资源，如社区内大型企业、公共设施（超市、科技馆、博物馆、消防中心、森林公园）等，使其成为幼儿园校外活动基地，方便幼儿开展实地考察等研学活动。

△ 实地参观

环节四：工程设计

工程设计是儿童从事工程实践的前提，也是培养儿童工程思维的重要方式。幼儿在开展工程实践之前，面对要完成的工程任务（活动的内容、用途、功能或特征），结合已有经验，发挥自己的想象或创造，通过讨论和商议，初步拟定解决问题的思路和工作流程，为更好地完成工程实践奠定基础。

通过设计过程，孩子们学会如何辨别问题和需要，思考各种选择及其约束条件，学习通过计划，建模型，用迭代方法解决问题，引发儿童学习的持续性和创造性，在这个过程中，幼儿学会去识别任务的条件需要，考虑各种内部和外部条件，在沟通交流与合作的过程中体验解决问题的成就感。

指导策略：

教师应引导幼儿基于要解决的问题和要达成的工程目的进行讨论，帮助幼儿进一步明晰要解决哪些问题，计划项目各阶段活动的实施步骤，同时，注重儿童在工程设计中联系相关经验对产品进行预测性分析，引导幼儿基于调查研究获得相关信息，初步预估设计的可行性，预测不同设计在实践中可能出现的问题，不断优化方案设计。如，在"篮球的家"活动中，幼儿基于实践的调查，对球架有基本的认识后进行初次设计与讨论，针对异形球架（圆形、小动物形、三角形……）的稳定性、制作难度和容量进行反复讨论和论证，确定了长方形5层球架的设计方案（每层设计了7个球位，刚好放下全班35个球），并在实践过程中基于材料、场地大小不断完善和优化设计；再如在"班级微店"项目中，因为种植园收获的蔬菜太多了，孩子们想把蔬菜卖出去，于是萌发了开一个微店的想法。针对微店怎么开，除了蔬菜还要卖什么商品，微店应设立哪些部门，每个部门应设什么岗位等问题，孩子们通过上网了解，访问有经验的家长，参观超市，丰富了相关经验和信息，并通过讨论梳理出对微店的规划和岗位分工，开始了实践活动。

▲ 有具体收放篮球数的设计

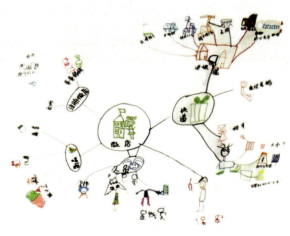

▲ 班级微店的开设思路图

环节五：实践探索

实践探索是将计划转入操作实践的阶段，具有较强的目的性、计划性。儿童可以清楚地知道自己正在做什么，以及预期达到的结果，有助于儿童维持兴趣，投入探究实践，引发深度学习。儿童在工程实践中解决问题时，往往能给STEM活动点燃激情，孩子们在经历设计—制作—调试—改进的过程中，不断完善产品设计，找到最优化的问题解决方案，最终达成目的。孩子们在操作实践中会遇到各种新问题，基于问题的解决会不断建立旧经验与新经验的联系，发现不同事物之间的关系和发展规律，运用各学科的知识和经验投入到积极的问题解决之中。在这一过程中，孩子解决问题的能力会不断提升，并主动尝试从中提炼出相关的核心经验，这些经验会迁移到今后解决类似问题的过程中，这就是有意义的学习过程。

指导策略：

幼儿在实践探索过程中会遇到各种预想不到的情况和问题，教师不要急于将问题解决的方法告诉孩子，通过及时补充材料，提供适宜的工具，提供相关的图书和信息资源，寻求家长支持和参与，开展相关的教育活动等支持孩子们持续探究，引导幼儿不断调整方案，反复操作，迁移各领域的经验寻找问题解决的办法。在这一过程中应鼓励幼儿坚持执行计划不要放弃，培养孩子遇到困难坚持不懈的品质。

（1）注重聚焦STEM学科经验。

在活动中，教师需要有意识地引导幼儿关注STEM学科问题，鼓励幼儿在反复实践探索中抽象出相关学科的核心经验。如在"篮球的家"项目活动中，幼儿在制作中发现设计图的二维表征与实际产品的三维空间关系，在"小球的旅行"活动中，通过帮助小球旅行发现势能与动能转换的现象，达到问题的解决，获得蕴含于问题之中或支持问题解决的学科经验，并反思这些经验的获得过程和条件，为下一次更好地运用和迁移相关经验解决问题奠定基础。

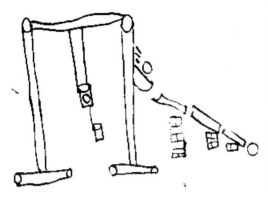
▲ 让小球升到高处的设计

▲ 根据设计制作的装置

（2）培养幼儿问题解决意识。

首先，教师要有意识地激发幼儿解决问题的意识。幼儿遇到难以解决的问题时，教师不是急于给予答案或者帮助幼儿直接解决，而是鼓励幼儿自己动手、想办法解决问题。其次，通过不同的项目活动，让幼儿在反复操作、不断试误的基础上，内化问题解决的流程，掌握问题解决的办法：聚焦问题、迁移经验、尝试材料、使用工具、寻求帮助等。如，在"我为小鸟造房子"项目中，引导幼儿观察周边建筑工地上塔吊运送物品时的场景，了解滑轮的工作原理，并将经验迁移至解决如何把鸟巢挂到高处的探索中，完成鸟巢悬挂任务。

▲ 利用滑轮的原理在高处悬挂鸟巢

STEM课程理论篇

(3) 鼓励幼儿在试误中学习。

幼儿在项目活动实践过程中,会遇到诸多问题和难题,需要调动多方面的知识和经验尝试通过不同的途径、方法,其中经历多次失败,这便是试误。在试误过程中,幼儿通过动手操作想办法解决问题,不断探索各种方法,调动各领域经验,反复调整,最后获得成功。在试误中学习对幼儿有重要的意义,幼儿在不断试误的过程中自我反思,积累经验,抽象出相关领域的核心经验,达到学习的目的,同时经历经过努力达成目标的过程,获得成功体验和成就感。教师应当鼓励幼儿自己动手,实现自己的想法,出现问题和错误不必灰心,在不断反思和调整中提升经验,最终引导幼儿取得成功,成功的体验则会激发幼儿下一次探索的动机。

例如,"桥梁建筑师"项目中,幼儿在解决立交桥环形上升弯道的问题时,经历了多次的挫折和失败,但他们没有放弃,多次尝试,主动寻求解决方法,最终完成了立交桥的搭建。

∧ 搭建立交桥

(4) 支持高水平的团队合作。

STEM项目活动倡导团队学习,团队不仅仅意味着一群人一起解决问题,更意味着在一个团队中如何能够发挥每个成员的长处,优化组织结构,形成最大合力,更好地解决问题和完成任务。高水平的团队合作,体现在团队里每个人在衡量并评估自我和他人能力的基础上,发挥各自的优势,根据既定的任务要求合作分工,默契配合,共同完成一件事情,达成目标。在基于项目的合作探究学习中,幼儿会面对同伴、教师不同的观察方式、观点及解决问题的思路、方法、结果,这些都会与自己原有经验产生认知冲突。在冲突中，幼儿可以反思自己的观点，又可以理解和接纳别人的想法，这恰恰就是观点的交流、智慧的碰撞，是成员间的切磋和合作，有助于激发幼儿的深入思考和批判性反思，建构新的、更有层次的理解。

在STEM项目活动中，教师鼓励幼儿根据自己的兴趣和经验自由组建团队，在活动的进展中，积极为幼儿创造合作学习和解决问题的机会，运用头脑风暴、数据分析、分享经验等方法，通过自我评估和他人评价，发挥团队中每个成员的所长。这一过程中，幼儿为了同一目标同心协力解决问题，并在其中获得了新的经验，构建了新的认知结构，同时感受到同伴的支持，学会与他人的交往的方法，情感和社会性也得到发展。

如在"包饺子喽！"活动中，幼儿根据自己的兴趣、经验和能力进行任务分工，组建了海报设计组、后勤服务组、和面组、擀面组、包饺子组等小组，每名幼儿在活动中都发挥自己的所长，并在团队配合下完成包饺子活动。

▲ 包饺子

环节六：展示成果，交流分享

STEM项目活动鼓励幼儿积极与他人（同伴、成人）交流自己的想法、经验、操作过程及解决问题的办法。幼儿在交流分享的过程中通过不断自我总结和反思，在自我认知基础上巩固基于实践活动所获得的经验，提高了其理解力与表达力。同时，也有利于帮助教师了解幼儿在活动中的表现和发展，检验活动的实践效果，并从中了解幼儿的兴趣，为后续活动的生成提供参考。在此过程中，家长感受了孩子们的学习过程，真正理解了幼儿的学习方式，即在游戏中学习，在操作中学习，在解决问题中学习，在同伴合作中学习，能更加理解和接受STEM教育理念，从而积极主动地参与到幼儿园STEM教育活动中，实现家园共育。

指导策略：

教师应积极为幼儿搭建交流分享的平台，支持幼儿进行多元表达。鼓励幼儿在项目活动进行的各个阶段积极运用多种方式，如信息交流、绘画作品、多媒体手段（拍摄视频、图片PPT）、制作展板、戏剧表演、产品发布……进行分享表达，分享自己获得的相关经验，展示自己的成果和进步。在任务完成时开展一个高潮活动，通过产品展示和家长参观、体验日活动分享活动经验，感受学习成果，获得成功体验。STEM项目活动中，通过分享和表达活动让幼儿更加清晰解决问题的思路，学会不依赖成人独立思考，变得更加独立有自信。

▲ 展示分享

第五节　优化幼儿园STEM课程评价——检验课程成效

《幼儿园教育指导纲要（试行）》指出："教育评价是了解教育适宜性、有效性，调整和改进工作，促进每一名学前儿童发展，提高教育质量的必要手段，是教师运用专业知识审视教育实践，发现、分析、研究、解决问题的过程，也是其自我成长的重要途径。"我园坚持以发展为核心的价值取向，积极探索有助于促进幼儿发展，提升教师实施课程的专业能力的评价方案。我们通过观察记录孩子们在项目探究活动中表现出的一系列行为，注重幼儿在STEM项目活动中的情感态度、能力和价值观的

表现，作为依据评价幼儿的各方面的能力，分析幼儿的思维发展，界定儿童的发展水平。通过分析教师在项目活动中的多方面表现评价教师的专业技能，帮助教师提升STEM专业能力。在课程方面，收集幼儿和教师在项目活动中的真实的信息并进行分析判断，以期对园本课程建设进行正确指导，提升我园STEM的课程质量。

STEM课程评价内容与工具

评价对象	评价内容 形成性评价	工具或方法	
		总结性评价	
幼儿	幼儿能力发展	项目操作能力 问题解决能力 团队合作能力 信息表达能力	幼儿活动观察记录表 家庭亲子活动记录表 家长反馈表 家长访谈（面谈、电话、网络） 幼儿成长手册 幼儿作品（绘画、手工、调查、设计图……）	幼儿STEM能力发展评价表 幼儿自评互评表 幼儿作品分析记录
教师	教师专业能力发展	1.STEM教育价值理解 2.STEM学科基础 3.STEM跨学科理解与实践 4.STEM课程开发与整合 5.STEM教学实施与评价	教师项目方案撰写 项目活动教育反思 STEM项目主题环境创设检查表 教师访谈	教师STEM专业能力评价表 教师获奖及作品发表登记表 教师撰写的STEM项目方案
课程	课程实施过程与效果	1.成立课程评议小组，制定课程实施方案 2.定期对课程实施效果进行监测	家长、教师访谈提纲 课程研讨记录 专家指导与建议记录	项目教学自查表 项目活动家长反馈表

一、评价内容的设置

我园的STEM课程评价以形成性评价为主，结合总结性评价，围绕幼儿发展、教师成长和课程改进开展STEM课程评价。

幼儿园STEM项目注重真实生活的体验，强调幼儿从真实问题出发，以团队合作的学习形式开展实践探索，在调动多学科经验解决问题的过程中获得更好的学习体验。因此STEM课程评价注重学习过程中幼儿能力提升的动态评价，包含项目操作能力、问题解决能力、信息表达能力、团队合作能力。教师通过观察和建立幼儿学习档案直观地了解幼儿在项目学习过程中的各种能力的发展，也能让幼儿更好地认识到在学习过程中自身能力的变化，因此幼儿发展评价主要聚焦于项目活动中幼儿STEM能力的发展。

教师是STEM教育活动的策划、设计、组织和实施者，教师STEM专业能力直接影响到幼儿的发展和STEM课程的质量。我们参考《STEM教育能力等级标准试行》，结合幼儿园师资情况，从教师对STEM教育价值理解、STEM学科基础、STEM跨学科理解与实践、STEM课程开发与整合、STEM教学实施与评价五个方面对教师的STEM专业能力进行评价。其中STEM教育价值理解、STEM学科基础、STEM跨学科理解与实践是对教师的职业道德、专业知识、跨学科理解等内在的个人素养的评价，STEM课程开发与整合、STEM教学实施与评价是对教师在课程开发、教学实施、反馈评价、环境创设等方面的评价。

在评价幼儿发展和教师发展的基础上，我们调动幼儿、教师、家长和专家等多主体参考课程实施过程和效果的评价，通过访谈、问卷、活动反馈等形式调查家长对课程的意见，通过项目自检、课程研讨等了解教师对课程实践过程的反思，让课程的建设者、实施者、整合者更加清晰地分析与思考课程实施中的问题，在此基础上不断改进、优化、完善，提升课程质量。

二、课程评价的实施

在STEM项目学习中，评价是贯穿整个学习过程的：①教师通过观察、谈话、作品分析、档案袋整理、检核评价法等一系列方法收集幼儿学习过程发展的相关数据，收录至幼儿的个人项目档案袋中，在项目结束后综合分析项目档案袋中幼儿的相关数据，辅以来自家长的反馈信息综合对幼儿进行全面的评价。②课程管理小组实地查看和收集教师对幼儿的各类评价信息、方案计划、教师项目反思等资料，结合日常保教考核评价和教师的自我评价，对教师实施课程的能力进行全面综合的评价。③通过收集和分析参与STEM课程的幼儿发展、教师能力提升和家长的反馈情况完善STEM课程方案，提升STEM课程质量，促进幼儿的全面发展，提升教师的专业能力。

1.幼儿发展评价

幼儿是课程的核心主体，我们需对幼儿的发展进行评价，以了解STEM课程的目标、内容、实施途径及效果是否满足幼儿的需要并促进其发展。我们注重在课程实施的情境化过程中，结合形成性评价和总结性评价，坚持幼儿、教师、家长等多主体参与，综合运用多种方法和工具对幼儿的活动、行为进行观察，识别幼儿的发展水平和需求，进而为幼儿提供适宜的活动，促进其发展。

在对幼儿的发展评价中，教师有目的地观察和记录幼儿在项目活动中不同阶段的真实表现（行为、语言等），运用轶事记录的方法记录幼儿语言和行为，运用多媒体记录方法收集幼儿的图片、录像、作品等信息，辅以来自幼儿互评、家长反馈等信息，并将以上作为评价依据，借助幼儿能力发展评价表，对幼儿的能力发展、思维发展、学习品质进行全面评价。教师定期回顾幼儿的轶事和资料，补充缺失的信息，关注个别幼儿发展与整体的差距，制定指导策略以帮助幼儿改进和提升，并将该幼儿的项目信息及资料收录至其项目档案袋，为后续评价幼儿发展提供依据。

幼儿STEM项目学习档案袋

文件档案的种类	档案袋具体内容
1. 幼儿的档案资料	幼儿的项目活动调查表 幼儿设计图 幼儿作品 幼儿活动记录表 幼儿自评互评表
2. 观察评价	教师对幼儿参与项目活动的观察记录 家长对幼儿项目活动阶段反馈 家长对幼儿参与项目的评价 幼儿能力评价表
3. 其他	幼儿收集的项目活动资源，如照片、书籍等 幼儿参与活动的照片、视频等

（1）基于项目学习的幼儿STEM能力发展评价表。

STEM项目学习倡导基于真实的情境，解决真实的问题，具有明确的任务导向，提倡在团队合作学习中共同协作开展实践，探索解决若干问题，整个活动都伴随着与同伴积极沟通、融合各学科经验、不断试误的自主实践探索的学习过程。我们参考Beckett＆Slater在2005年构建的《项目框架结构》[①]，结合《3～6岁儿童学习与发展指南》中幼儿发展指标，依据STEM课程的目标，从STEM项目学习的特点出发，聚焦于项目活动中幼儿STEM能力的发展，编写了适宜3～6岁幼儿的《基于项目学习的幼儿

---

① 董陈琦岚. 基于STEM项目学习的学生能力评价研究 [D]. 天津：天津师范大学，2017.

STEM能力发展测评表》，确定了4个一级评价指标（项目操作能力、问题解决能力、信息表达能力、团队合作能力），14个二级指标，29个三级指标，在每个三级指标下从高至低设有4个发展水平，从高至低分别为水平A、水平B、水平C、水平D。评价指标来源如下：

项目操作能力：幼儿园的STEM项目学习注重幼儿的动手实践能力和科学与工程思维的培养，对幼儿的评价贯穿于整个项目学习过程中，是动态的、连续的过程，应结合幼儿的实际表现情况对其项目操作能力进行评价。

项目操作能力主要包括三个二级指标，即方案设计、方案完成、反思改进。

方案设计：在幼儿STEM项目学习中，幼儿确定了项目主题后收集相应的背景资料，在与同伴的讨论中围绕材料的使用和要解决的问题形成初期的工程设计方案，为幼儿开展工程实践提供思路。

方案完成：指在项目中幼儿根据设计好的工程方案进行实践操作后的任务完成程度，这一指标主要是评价幼儿的动手实践能力。

反思改进：是在项目实践过程中和结束后对在项目实施过程中所获得的经验和形成的产品进行反思和交流，并能根据他人建议提出改进设想。

问题解决能力：STEM项目学习活动是基于问题解决的学习活动，问题解决能力是指幼儿综合运用跨学科知识解决实际问题的能力，包含理解、分析、推理、实践、反思、表达等多种基础能力的总和。在评价中我们注重对幼儿面对问题时的积极性、参与度、投入度等态度的观察，分析其是否能掌握运用工具和迁移经验来解决问题的方法，以及是否表现出运用STEM教育强调的批判性思维解决问题的意识。主要包括五个二级指标，即积极性、参与度、投入度、技术运用、迁移经验。

积极性：在STEM项目活动中，幼儿在参与解决问题或完成任务时是否能表现出积极的态度，如浓厚的兴趣、主动探究的愿望等是评价幼儿是否具有积极性的标准。

参与度：幼儿在参与活动时是否能够积极地与他人互动，完成项目中的任务，且参与项目活动时间、完成项目任务量的多少是评价幼儿参与度的标准。

投入度：在STEM项目活动中，幼儿解决问题时表现出的专注程度是评价幼儿投入度的标准。

技术运用： STEM项目活动是以工程活动为核心的，技术为设计和实施STEM项目提供了机会，是支撑幼儿开展项目学习的有效工具，需要借助工具的使用得以体现，如记录工具、制作工具。幼儿是否能运用相关技术解决实践中的问题是评价幼儿技术运用的标准。

迁移经验： 基于项目的学习是解决问题的学习，幼儿能回顾以往经验或学习他人经验，并迁移到他所观察到的相似情境中解决问题，是评价幼儿问题解决能力的标准之一。

信息表达能力： 在项目学习的过程中，幼儿通过多种方式表达自己的经验、需求和思考，运用语言讲解、展板制作、动手演示对项目学习的过程进行反思与总结，汇报项目成果。在这个过程中，幼儿不断反思实践中遇到的问题和发现，进一步巩固在项目活动中学习到的知识、经验和技能，从而发展幼儿的高阶思维。包含三个二级指标，即语言表达、书面表达和实践表达。

语言表达： 主要指在项目活动中幼儿通过口头语言表达自己的思考和想法，展现自己的学习过程，交流彼此的学习经验，在表述中，语言表述是否清晰，是否具有一定的逻辑顺序，是评价的标准。

书面表达： 主要指在项目活动中幼儿具有书面表达的愿望和初步技能，是否能运用一定的图画和符号（如完成产品设计图、观察记录、调查表等）表现自己的学习过程是评价的标准。

实践表达： 在项目活动的过程中，幼儿是否能借助多种方法（多媒体、PPT、项目展板、游戏体验日、产品发布会等）展示团队项目学习的过程和成果是评价的标准。

团队合作能力： STEM是强调团队合作的学习，项目学习为幼儿提供了合作的机会，幼儿通过与同伴交流，发展沟通与社交能力，期间不仅注重以合作为基础的学习方式，还强调让幼儿学习如何合作，如何更好地合作。因此团队合作能力是基于项目学习幼儿STEM能力评价的指标。我们从合作意识、合作精神、合作技能三方面评价幼儿的团队合作能力。

合作意识： 合作意识是幼儿产生合作行为的重要前提，幼儿在项目活动中是否愿意参与合作，认同自己在团队中的角色定位，初步认同团队的规则，形成参与团体活动和认同团体公约的认知与情感，是评价幼儿合作意识的标准。

合作精神：合作精神是大局意识的体现，在STEM项目活动中，幼儿个体的发展是有差异的，教师应注意培养幼儿的合作精神，使幼儿能站在团队合作完成任务的立场上，从大局出发，在他人需要时提供帮助。是否能听取他人意见，互相帮助以解决项目活动中出现的问题是评价幼儿合作精神的标准。

合作技能：在STEM项目活动中，幼儿依据自己的兴趣和特长选择在团队中承担的任务。幼儿是否能通过讨论、争辩、表达、倾听及实践等形式与团队沟通，实现较高水平的合作，完成承担的任务，是评价幼儿合作技能的标准。

基于STEM项目学习的幼儿能力发展测评表

一级指标	二级指标	三级指标	等级
项目操作能力	方案设计	1. 幼儿能根据项目任务，制定较为合理的设计方案。 2. 幼儿乐意参与方案设计，在解决问题的过程中，能对设计方案进行改进和完善。	水平A：很好 水平B：较好 水平C：一般 水平D：较弱
	方案完成	1. 幼儿在完成项目任务时，能够动手操作完成任务。 2. 在成人的支持下，幼儿能按计划完成各阶段的任务。 3. 在与同伴合作下，幼儿完成任务的质量较高，富有创意和合理性。 4. 幼儿能主动合作完成不同阶段的任务或者计划，能与同伴沟通交流实施的方案或策略。	
	反思改进	1. 幼儿能在成人的引导下反思各阶段任务完成时遇到的问题和收获，完成"幼儿自评互评表"。 2. 幼儿能初步对产品的性能和运用进行测试，从而发现产品存在的问题并改进。	
问题解决能力	积极性	幼儿在参与解决问题或完成任务时表现出积极的态度。	
	参与度	幼儿在参与STEM项目活动时与他人互动，完成任务。	
	投入度	幼儿在活动中能保持较长时间兴趣和投入。	
	技术运用	1. 幼儿能运用相关技术收集信息，分析数据，展示成果。 2. 幼儿在实践中能选择恰当的工具解决问题。 3. 在缺乏合适工具的情况下，幼儿能使用生活中的物品替代或自制工具，解决问题。 4. 幼儿能结合操作需要掌握不同工具的使用方法。 5. 幼儿在动手操作中具有安全意识，能按规范安全使用工具。	
	迁移经验	幼儿能回顾自己的经验或学习他人经验，将其迁移到所处的相似情境中解决问题。	

一级指标	二级指标	三级指标	等级
信息表达能力	语言表达	1. 在项目活动中幼儿具有表达的愿望。 2. 在项目活动中，幼儿能围绕项目各阶段的实践活动表述自己的想法、做法及获得的经验。 3. 幼儿在向同伴或他人表达想法时能运用一定的学科知识和经验来阐述自己的观点。 4. 幼儿能对项目成果（产品）进行介绍，倾听他人对产品的分析及评价。	
	书面表达	在遇到需要记录的发现或者问题时，幼儿能用自己的方式（符号、图形、绘画等）进行记录，且能说明那个符号代表的内容和意义。	
	实践表达	幼儿能运用视频、照片、PPT、展板、模型、产品多种方式呈现自己的项目成果。	
团队合作能力	合作意识	1. 幼儿能参与团队活动并提出自己的建议和想法。 2. 在项目活动中，幼儿在遇到问题或困难时能寻求同伴帮助。	
	合作精神	1. 在团队中，幼儿在他人有需要时能提供帮助。 2. 团队合作中幼儿能听取他人的想法并采纳他人建议。	
	合作技能	1. 幼儿在团队合作中能配合同伴完成任务。 2. 在团队中，幼儿能根据项目任务分工，接受任务，完成工作。	

项目实施过程中，教师针对其中的三级指标通过轶事记录、多媒体记录、作品分析、谈话分析、家庭反馈、同伴间自评互评等多项依据进行有目的观察和数据收集，在每个项目结束后分析相关数据填写"基于项目学习的幼儿STEM能力发展测评表"，评价幼儿在项目中的STEM能力发展，并依此在下一个项目的开展中为幼儿提供适宜的支持。每学年教师综合分析班级所开展项目中每名幼儿的"基于项目学习的幼儿STEM能力发展测评表"，对幼儿进行STEM能力进行发展性评价。

（2）观察记录。

为了更真实地还原幼儿在项目开展中的学习过程，帮助教师分析判断幼儿的行为及发展，教师围绕STEM项目活动目标在真实的情境下对幼儿的学习活动进行有目的的观察，基于项目操作、问题解决、信息表达、团队合作等方面记录幼儿在活动过程中的行为表现，通过分析过程性记录评价幼儿的发展。

1）教师轶事记录。

在幼儿参与项目学习的自然状态下，教师对幼儿表露的行为和谈话进行原始、真实的文字记录，以此来了解、分析幼儿的发展状况，有的放矢地开展教育。一是教师可随时记录（粗略记录）幼儿在项目活动中出现的有记录价值的行为，并在活动结束后将记录转化为规范的观察记录；二是教师有目的地记录幼儿在项目活动中的行为表现，进行有目的的观察记录；三是教师可以在空闲时间与班级教师一同讨论和回忆幼儿在项目活动中表现，梳理有价值的行为和语言进行记录分析。

2）多媒体记录。

教师用拍照或录像的形式记录下幼儿在项目中的活动情况、出现的关键经验或难以收藏的作品，并用简要的文字与图片配合记录，注明日期。也可以使用录像设备对小组活动中不能及时观察到的幼儿行为和语言进行录制，在活动结束后回看录像以了解幼儿活动情况，分析视频中幼儿存在的问题并及时制定教育策略，为幼儿能力发展评价提供直接依据。

△ 轶事记录

△ 照片记录

3）家庭反馈。

我们鼓励家长记录幼儿在家庭中围绕项目活动的任务、问题、实践开展的学习活动，并邀请家长对幼儿活动中的表现进行简单分析和评价。教师可根据家长反馈的记录内容了解幼儿的家庭学习情况，结合幼儿在园的表现与家长交流沟通幼儿的学习情况，为家长在家庭指导中提出合理化建议，促进幼儿的能力发展。同时通过访谈了解家长对STEM课程的认识和其关注到的幼儿的变化。

▲ 家庭观察记录　　　　　　▲ 家长访谈记录

（3）作品分析。

1）分析幼儿作品。

幼儿的原始作品是幼儿内心需要和实际发展情况的形象表征，是教师分析幼儿学习和发展轨迹的重要依据。教师通过分析幼儿在项目不同阶段的设计图、调查表、活动记录表、幼儿自评互评表、作品等资料，了解幼儿的现有经验以及建构过程中不断发展的经验，并将幼儿的作品和教师的分析收录至幼儿项目档案袋中，一方面作为教师评价幼儿能力发展的实证资料，帮助教师分析幼儿的发展状况并制定适宜的支持策略,另一方面为幼儿提供真实的信息反馈,帮助幼儿发现自己能力的变化,形成对自身学习发展情况的认识,能更好地激励其发展。

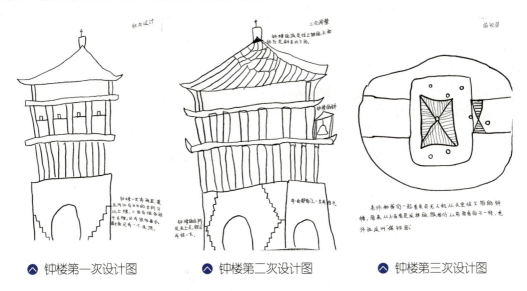

▲ 钟楼第一次设计图　　▲ 钟楼第二次设计图　　▲ 钟楼第三次设计图

教师评价:

在绘制钟楼设计图时,蜜儿能很好地表现钟楼的形状、层数、飞檐及金顶飞檐的设计等重要部分,在楼身部分,每层逐步收缩的造型也很明显,展现了蜜儿对钟楼的形状基本特征的敏锐把握。通过三次设计,蜜儿对建筑物的空间表达越来越具体,从平面到三维再到俯视图的绘制,为其后期的搭建活动给予了有力的支持。

2)幼儿自评。

教师关注幼儿在同伴间的互动中对同伴经验的学习、借鉴及迁移能力,依此对幼儿的STEM能力发展进行评价。我们围绕幼儿参与项目的情感态度、学科认知、能力水平、学习品质编制了"幼儿自评表"。在每个项目结束后请幼儿进行自评和同伴间互评,做到一项目一评价。教师分析"幼儿自评表"中幼儿的填写情况,了解幼儿对自己和同伴的认识,并将"幼儿自评表"及教师分析收录至该名幼儿的项目档案袋中,作为评价幼儿阶段性发展的依据。

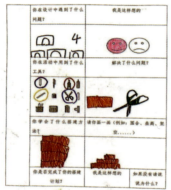

△ 幼儿自评表

教师反馈：

在幼儿自评表中，可以看出蜜儿非常喜欢参与钟楼搭建的活动，对自己在活动中的表现是非常认可的，并表达出对下一阶段活动的期盼，同时比较可观地反思了自己在活动中遇到的困难和最大的收获。

2.教师发展评价

教师专业能力的发展能够有效地提升STEM课程的质量，我们在开展教研活动、专题培训的同时，积极开展班级项目实践，提升教师的STEM教育实施能力，并通过教师案例反思、项目自检表、教师STEM能力调查问卷等积极开展教师参与的STEM课程的形成性评价，以更好地改进教育策略，促进教师成长，提高STEM课程质量。

STEM课程理论篇

（1）教师自我反思。

在项目活动的过程中，我们积极鼓励教师开展自我评价。通过反思和梳理已开展的STEM项目活动、撰写STEM教育笔记、教学反思的方式，对STEM项目活动的设计、目标、过程、资源和自身教育行为等进行反思，以此达到自我能力提升和优化项目的目的。

（2）项目自检表。

教师针对班级项目的缘起、目标、学科联系、材料、实践过程的完成情况对项目进行自检，完成项目自检表，梳理和总结存在的问题和困惑，反思教育活动中的行为，改进和提升教育策略。

《我为小鸟造房子》教师自我反思

在STEM教育活动中我们更加关注生活中幼儿的观察与发现，共同寻找问题的解决方式。教师能抓住孩子问题中的教育契机，"这个洞洞是什么作用的？""我们来给小鸟做一个家吧！"在问题的引领下促进幼儿的深度学习。从绘画设计——制作鸟巢——实验验证——投入使用，在这个过程中不断调动前期经验，并通过网络、问卷等方式增加其已有经验。在鸟巢活动中，将项目活动迁移到户外，再与大自然的交流中，了解更多的内容。在每次户外游戏时，幼儿都会主动提出想要去看看小鸟有没有来？同时在与家长的沟通中得知，幼儿更加关注生活中小动物的生活习性，例如小蜗牛吃什么？他的家在哪里？我也想给他做个家！在与大自然的互动中，每一个小朋友都有自己的收获。

家长是我们课程活动中的重要资源，通过多途径增加家园家园交流，促进家园合作。在项目活动进展表里都包含近期活动开展的方向，遇到的问题，解决方法等，引导家长在家庭更有针对性地与幼儿探究活动，促进其深度学习。为了帮助家长更好的了解幼儿的学习过程，体验幼儿学习的方式，我们开展了面向全体家长的STEM项目体验活动——制作手机支架。以"如何摆脱双手更加方便地使用收集观影"为问题导入，家长以小组合作的方式进行自主选材，设计制作，最终面向大家进行产品介绍和推广。在活动中家长朋友们通过网络资源，知识经验等尝试解决问题和阐释背后的科学原理，在合作交流中不断深化自己的知识体系，STEM特色活动逐步改变了家长的教育观念，提高了家园沟通的有效性。

我们最终也没有看到小鸟是否来过，但是这都不重要了，重要的是孩子们在这个过程中对生命的尊重和期待。当我们都不再期待小鸟的到来的时候，我周末看到小鸟在我们制作好的小屋上"跳舞！"孩子们看到视频的时候惊喜的说道，"我就知道他会来！""我们成功了！"我想这将是他幼儿园生活的最美好的回忆之一。

△ 教师自我反思

△ 项目自检表

（3）教师STEM能力调查问卷。

教师的教育教学工作是在共性下的个性发挥，每个教师都有自己的优势和不足，为了更好地了解教师的STEM能力，我们依据中国教育科学研究院颁布的《STEM教师能力等级标准》中的相关内容，提炼了针对幼儿园的《教师STEM能力调查问卷》，从

STEM教育价值理解、STEM学科基础、STEM跨学科理解与实践、STEM课程开发与整合、STEM教学实施与评价五个方面，设计了13个问题进行自评和他评，以更好地促进教师的反思和成长。

◥ 教师STEM能力调查问卷

3.课程质量评价

幼儿园成立了课程审议小组，定期开展课程研讨活动，分析评估课程实施的质量，讨论课程目标的落实，解决课程实施中的问题，丰富课程内容，规范课程实施途径，不断完善幼儿发展状况评价和教师教育工作评价指标，以促进课程质量提升。同时加强对课程实施过程的督导，通过观察和评估参与课程的多元主体（幼儿、教师、家长）的发展，对课程的实施和效果进行评价。一是通过访谈、问卷等收集幼儿、教师、家长对课程的反馈，对信息数据进行分析，评估STEM课程实施的效果；二是观察活动实施过程中教师和幼儿的参与情况，了解STEM活动中幼儿发展、教师能力提升和家长参与情况，分析STEM课程的适宜性与有效性，及时有效地调整和改进教育活动，提升STEM课程质量。

STEM

活动案例篇

生活小能手——生活中的"真"问题

篮球的家

张春艳

适合年龄

5～6岁

项目目标

● 了解球架的种类、结构和特点，知道球架在生活中的作用；

● 探索球架的制作材料及其性能之间的关系，能运用不同的材料制作适宜的、可利用的球架；

● 在分组运用不同材料制作球架的过程中体验合作型学习，通过解决制作过程中出现的各种问题锻炼动手能力及沟通能力。

STEM活动案例篇
生活小能手——生活中的"真"问题

项目网络

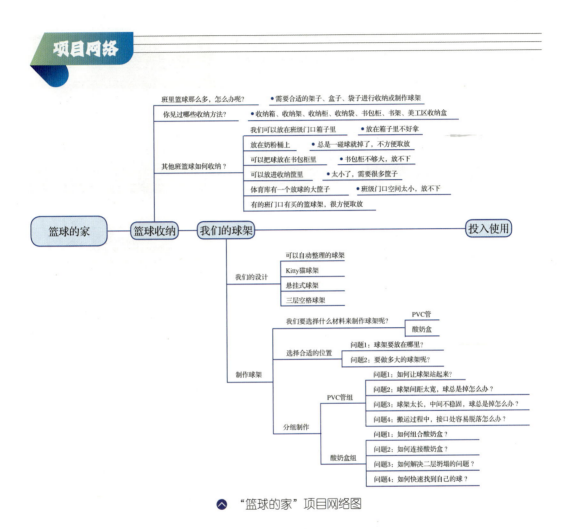

△ "篮球的家"项目网络图

实施过程

 活动缘起

孩子们每人带一个篮球来幼儿园,而班级里没有收放的架子。孩子们想到用废旧的奶粉桶当球桶放置篮球,球桶放在班级门口的走廊里。在使用中孩子们发现每次找自己的篮球都得浪费好长的时间,而且奶粉桶不稳固,经常一碰就倒了,篮球滚得到处都是。孩子们抱怨道:"篮球又滚跑了,每天都要整理篮球,好麻烦呀!"为了解决这个问题,孩子们决定做一个球架。

头脑风暴

孩子们结合生活经验,围绕"篮球如何收纳?"展开讨论,一起收集了许多关于篮球收纳的图片、视频,帮助孩子们丰富更多有关球架的知识经验,孩子们在观看图片和视频的过程中也提出了自己的想法,教师帮助孩子梳理了问题网络图。

▲ 篮球放在奶粉桶上

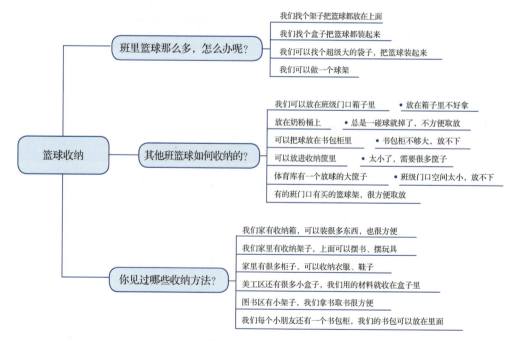

▲ "篮球的家"头脑风暴网络图

STEM活动案例篇
生活小能手——生活中的"真"问题

催化情境

1.园所环境

我们一起参观了园内体育库的篮球筐及其他班级的篮球收纳方式，为孩子们后期的实践操作提供了经验。

△ 幼儿园篮球收纳筐

2.环境创设

为了让孩子们更深入地了解球架的形状、结构、种类。班级主题材料区里投放了各种管子、盒子、纸箱、袋子、书籍、各种球架图片、球架小模型等材料。

△ 主题材料　　△ 各种盒子　　△ 其他辅助材料　　△ 各种球架图示

3.家长资源开发

我们倡议家长带孩子们调查生活中常见的球类收纳工具，提高孩子想要制作球架

— 063

的兴趣，并为接下来的活动开展做好铺垫。

接下来孩子们通过调查，收集、了解关于球架的信息，如形状、结构、功能等，调查表的内容里隐含了后期项目开展的方向。

（1）我见过什么样的球架？它是什么形状的？

（2）它是用什么材料做成的？

（3）我想做一个什么样的球架？

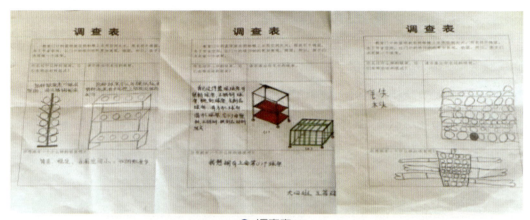

▲ 调查表

工程计划

带着各种问题和疑惑，孩子们根据收集到的材料属性及调查表的结果，进行商量、讨论、筛选，最终结合班级篮球收纳需要梳理出在制作球架活动中实际面对的问题：

（1）我们要制作什么样的球架？

（2）我们应该选择什么材料进行制作？

（3）球架要放在哪里？做多大？

根据问题，师幼共同制定出制作球架的实施方案：

绘制设计图—材料确定—分组制作—试验调试

STEM活动案例篇
生活小能手——生活中的"真"问题

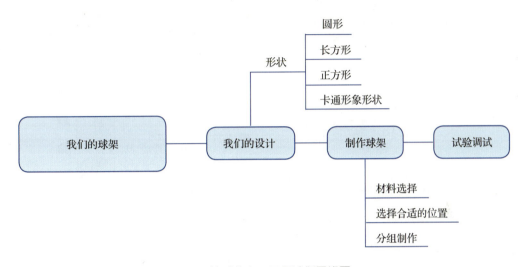

▲ "篮球的家"工程计划网络图

实践探索

每天孩子们都会带来自己收集到的相关材料，讨论关于球架的制作想法。由此可见，孩子们已经自发地想对球架进一步探究。在本阶段我们鼓励幼儿参照探讨出的实施方案，运用自己的已有经验进行接下来的制作活动。

1.我们要设计一个什么样的球架？

在制作球架之前，孩子们已经有了一个关于球架的大概设想，到底做成什么样子呢？孩子们根据多次讨论进行反复设计。

嘟嘟："我设计了一个五层球架，因为有35个球，每层放7个。"

糖豆："我设计的球架上有挂钩，可以把球全部挂起来。"

格格："我设计的球架跟幼儿园装足球的筐子一样。"

亲亲："我设计的球架是Hello Kitty，底下有两个轱辘。"

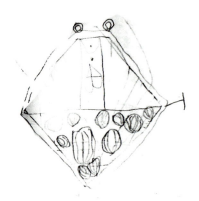
△ 可以自动整理的球架

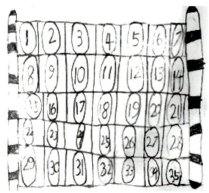
△ 有编码的球架

△ Hello Kitty猫样式的球架

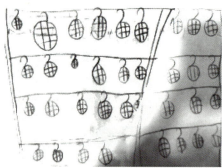
△ 悬挂式球架

从设计图的绘制和分享过程中可以看出，孩子们考虑到球的数量问题，并能根据收纳需求设计出不同形状的球架，但是孩子们的想法都不一样，如何确定方案呢？

西西："嘟嘟的球架可以把小朋友的球都放进去。"

朱朱："我们可以投票，谁的票多就选谁的。"

无无："我们选一个最好看的做出来。"

于是，孩子们使用贴纸进行投票，并且采取少数服从多数的原则决定最终方案。经过统计，嘟嘟的设计图成为本次获选方案，因为他的设计图比较好制作，包含了35个球位，可以容纳全班小朋友的篮球。

教师思考：设计图分别表现了项目不同阶段孩子们的想法。第一次是Hello Kitty猫形状的球架，但是在后期讨论和尝试过程中发现很难用现有材料和工具实现这种造型，于是孩子们放弃了这个方案。第二次孩子们设计出了长方形的球架。此时，他们已经能够结合生活经验以及材料属性有针对性地进行设计，这次的设计图中有轮子，有把手，说明孩子们已经能够结合球架的功能及实用性进行设计。第三次的设计图中呈现了35个篮球的摆放方式，孩子们在考虑球架功能和实用性的基础上结合了全班幼儿的需要进行设计，并将数量对应关系呈现在设计图中。他们能够结合实际需要及时修改自己的设计并进行优化。

2.我们要选择什么材料来制作球架呢？

确定方案以后，孩子们再一次进行了讨论：什么样的材料能够做球架？什么样的材料适合做球架？于是，孩子们开始收集适合制作球架的材料，并根据材料属性进行了对比、选择。

格格：咱们区域有很多管子，我们可以试试。

嘻嘻：我在家发现，大一点的酸奶盒子可以放进去篮球。

嘟嘟：我们还有很多纸箱子，里面的空间很大，是不是也可以直接把篮球放进去？

经过讨论，最终我们决定选择PVC管和酸奶盒子两种材料分组进行制作。

▲ PVC管

▲ 酸奶盒子

3.选择合适的位置

问题1：球架应该放在哪里？

要解决35个篮球的收纳问题，球架的大小和放置位置的选择成为孩子们需要解决的第一个问题,于是,孩子们对班级门口的空间环境进行了观察。

嘟嘟:"那么多球,肯定要做一个特别大的球架,所以需要选一个比较大的地方。"孩子们通过实地勘测与交流讨论,最终确定球架放在沙水池门口。

△ 选择球架放置位置

问题2:要做多大的球架呢?

孩子们确定了球架的摆放位置后,开始实地测量。

范范:"我们可以拿尺子去量一下呀!"

房房:"那用线可以量吗?用管子可以量吗?要不然,我们都试试吧!"

△ 用管子测量　　　　△ 标识测量结果　　　　△ 绳子测量

无无:"长方形上下、左右两边都是一样长的,所以我们只需要测量一个长边和一个短边就可以了。"

朱朱:"你测量好了记得用笔做标记,要不然一会儿就忘了。"

教师思考：在解决球架大小的问题中，孩子们想到运用绳子、管子、尺子等不同材料作为量具测量球架长度，提升了孩子们运用工具解决问题的能力。

4.分组制作

（1）利用PVC管制作球架。

问题1：如何让球架站起来？

孩子们用自己裁好的PVC管很快就搭出了一个长方形，在制作的过程中孩子们发现搭好的长方形球架立不住，手一松就会倒，如何让它立起来成为孩子们接下来要解决的一个关键问题。

可可："我们是不是应该用胶把它们粘在一起？"

嘻嘻："大家一起扶着，把所有管子都拼好它就不会倒了。"

朱朱："大家不能一直扶着吧，手一松还是会倒，还不如用绳子绑住。"

▲ 尝试解决管子立不住的问题

孩子们尝试了很多让长方形立起来的方法，但根本没办法放球。教师引导孩子们观察桌子的稳定性，思考和解决管子立不稳的问题。

格格："桌子有四条腿，这四条腿支撑着桌子，所以它可以稳稳地站着。"

一一："而且它的四条腿颜色一样、长短一样、粗细也一样。"

在家长义工的帮助下，孩子们裁剪出四根长度相同的管子作为支撑，解决了球架立不稳的问题。

问题2：球架间距太宽，球总是掉怎么办？

▲ 拼装好底层

▲ 球放上去会掉下来

孩子们通过反复的尝试和观察，发现了支架间距的问题。最终他们通过比较，截短了连接两头管子的长度，解决了球会掉下去的问题。

教师思考：在这个过程中，孩子们通过试验、目测、对比等方法，改变管子的长度来解决球会掉下去的问题，不仅很好地运用了数学方法解决问题，而且感知了二维表征（平面）与三维空间（立体）的关系。

问题3：球架太长，中间易变形，球总是掉下来怎么办？

孩子们完成球架第一层的搭建后发现球滚到架子中间又会掉下去……

丫丫："我们中间用线绑住可以吗？"

帅帅："用线肯定不行，线又软，又轻，肯定还会掉下来。"

丫丫："哦，我知道了，我们给中间也支撑几根管子可以吗？"

孩子们对比四条腿的长度，又裁出了两根管子支撑在架子中间，把球放上去以后，发现球终于不会掉下来了。

STEM活动案例篇
生活小能手——生活中的"真"问题

▲ PVC管中间加入连接管和底部支撑

这个环节中孩子们解决了球架站稳和球架宽度的问题，为第二层的制作奠定了基础，完成了第二层球架的制作。

问题4：接口处容易脱落，怎么办？

在搬运过程中孩子们发现有的接口会自己掉落，怎么样才能让它更结实、坚固呢？孩子们用双面胶、泡泡泥、透明胶带等不同材料黏合固定接口，最后家长义工给孩子们提供了玻璃胶粘好了接口处的缝隙。

▲ 泡泡泥黏合　　　▲ 双面胶黏合　　　▲ 透明胶带黏合

在孩子们一次次的调试与改进后，两层球架终于制作成功了。每个小朋友放置篮球时都会特别小心翼翼，时不时还会听到他们窃窃私语："你要轻轻地拿，轻轻地放，不要碰倒它。"

▲ 成品球架

教师思考：首先，投放的材料是幼儿平时活动中能经常接触到的管状材料，因为孩子们对PVC管的特性比较熟悉，所以能很快地将精力集中到项目实践中来。其次，在PVC管的使用过程中，改变管子的大小、长短需要工具的支持。当遇到管子立不稳的问题时，幼儿会借助生活经验，利用工具解决实际问题。分组活动时，幼儿能够相互模仿，与人沟通，一起协作完成作品。

（2）利用酸奶盒子制作球架。

问题1：酸奶盒球架怎样设计？

孩子们反复摆弄纸盒尝试盒子的组装方法，根据材料的特点重新绘制了产品设计图。

▲ 围拢　　　　　　　　▲ 穿插摆放　　　　　　　▲ 水平连接

▲ 酸奶盒球架设计图

教师思考：从设计图可以看出孩子们已经能够根据纸盒的材料属性进行有目的的设计，但没有考虑到球在摆放过程中的上下对应关系，所以设计图中球的摆放出现了上多、下少的情况。此时，教师可以引导孩子们通过实物操作对比，发现问题，并对设计图进行优化。

问题2：如何连接酸奶盒？

孩子们将大小相同的盒子顶部朝上，底部朝下，并排放在一起，用胶带固定，并用相同的方法连接第二层的酸奶盒，盒子越拼越长，出现了坍塌现象。

▲ 水平连接酸奶盒

▲ 二层盒子坍塌

问题3：如何解决二层坍塌的问题？

有的孩子发现中间没有盒子支撑，所以容易掉下来。随即调整了设计图，试着给每个盒子的左边加入一个支撑的盒子。试着放入球，发现每个格子的大小刚好可以放一个球。用透明胶带将盒子连接起来,解决了二层坍塌的问题。

△ 修改的设计图

△ 加入底部支撑

在孩子们的调试与改进中,酸奶盒球架基本完成。

△ 制作好的球架

问题4:如何快速找到自己的球?

孩子们发现球放进去以后不知道哪个是自己的,寻找起来很麻烦。经过商讨,决定给每个格子写上数字,放球的时候按照自己的编号一一对应,这样寻找起来就会很方便。

STEM活动案例篇
生活小能手——生活中的"真"问题

▲ 制作标号　　　　　　　　　　　▲ 成品球架

教师思考：球架上的编号是孩子们按照自己球的放置位置随意张贴的，在取放过程中仍然存在寻找不方便的问题。教师可以引导孩子们观察室内杯架和书包柜以及点名册的编号方法，调整球架上的编号顺序，巩固幼儿对序数的学习。

 展示交流

▲ 其他班级做成的球架　　　　　　▲ 项目展板

球架做好后，我们分别通过集体展示、组内展示、自评等形式进行了分享，幼儿用绘画的形式呈现了自己的探索、制作过程，同时以小组为单位对作品和创作过程进行展示和交流，分享各自经验和体会，还向其他班级的幼儿展示、推广了自己的成果。园里其他班级也开始制作自己班级的球架。孩子们体验到了成功的喜悦。

幼儿园 STEM 教育实践

 反思与评价

"篮球的家"项目以解决生活中的真实问题为出发点，孩子们通过活动达成了很多学习目标，并在实践中有目的、有步骤地实施自己的计划，每一个阶段都能不断地提出问题推进项目的进展，提升了多学科的经验。如用测量和标记的方法确定长度和宽度，会用对称的方法确定球架左右两边的高度；在用酸奶盒子制作球架的过程中，孩子们发现了拼接长度过长，中间必须有支撑点，就像桥墩一样，初步感受力的分解；在设计环节中，幼儿不断设计，让产品更合理化，不断建立设计和产品的关系，理解设计是对产品的规划。作为孩子们"真问题"的支持者，如何发挥最大价值，让孩子有更多"真探索"的机会，从而让孩子成为"最棒的探究学习者"，是我们今后不断探索的方向。

跨学科核心经验梳理：

项目名称		大班"篮球的家"
科学与工程实践		1. 结合日常生活经验，使用常见材料（PVC管、酸奶盒）进行球架设计，满足收纳需求。 2. 在分组活动中，解决球架连接、空间结构、稳定性、实用性等问题，体验合作学习的快乐。
核心概念	科学	1. 了解球架的结构、种类、功能； 2. 感知材料属性（PVC管、酸奶盒）对球架制作过程的影响； 3. 能够运用绳子、PVC管等测量工具对球架的长度和宽度进行测量，并将测量结果进行记录； 4. 发现平面设计图和真实球架的关系（二维表征到三维空间概念的建构）。
	工程	1. 能根据班级的实际需求（球的数量、场地的大小）设计球架； 2. 根据材料进行分组制作，并能主动进行实验、调试、改良。
	技术	1. 通过多媒体查找关于"球架"的相关信息； 2. 尝试运用合适的材料对球架接口进行黏合。
	社会	愿意并主动参与到球架项目活动中去，能够主动承担相应的任务，感受小组分工、合作带来的快乐。
	语言	1. 在探究过程中能够发现问题，并主动与同伴交流； 2. 愿意在集体中分享自己的经验和想法。

核心概念	健康	1. 学会管理自己的物品； 2. 能够安全使用工具。
	艺术	1. 能运用简单的符号绘制自己制作球架的过程； 2. 运用绘画、手工制作表现自己的想法和设计灵感。
跨学科概念		1. 尺度、比例和数量：解决球架的选址、大小、结构等问题； 2. 物质和功能：感知不同材料的属性与功能、结构的关系，如PVC管比纸盒更坚固。

我是环保小卫士

王 聪

适合年龄

5~6岁

项目目标

● 初步理解、思考垃圾分类对我们生活环境的影响和重要作用，萌发爱护生活环境，保护地球家园的意识；

● 在制作"机械手"活动中，分组尝试使用吸管、纸板等材料进行制作，不断调试改进模型，完成抓握纸球这一任务。

● 自主创编绘本剧，通过设计制作道具、商议角色台词、彩排等环节进行项目成果汇报展演，宣传垃圾分类。

STEM活动案例篇
生活小能手——生活中的"真"问题

项目网络

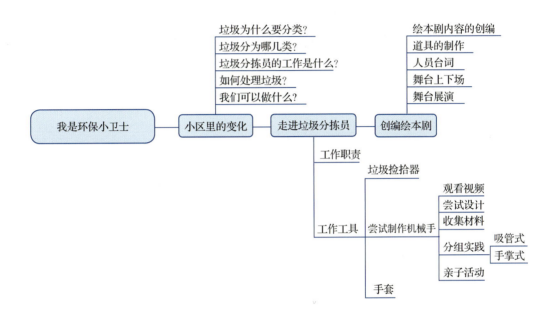

▲ "我是环保小卫士"项目网络图

实施过程

活动缘起

在一次晨间谈话中,孩子们分享了最近的新鲜事。依依说:"我们小区有四个颜色的垃圾桶,还有叔叔阿姨帮助我们扔垃圾。"齐齐说:"我们的电梯里也贴了垃圾分类的宣传报。妈妈说以后不能把垃圾放到一个桶里了。"孩子们对为什么要垃圾分类,如何进行垃圾分类产生了疑惑。教师追随孩子们的问题,展开了一系列与之相关的游戏活动。

头脑风暴

教师围绕着西安市开始实施垃圾分类这一举措，组织孩子们观看了西安市垃圾分类宣传片，引导他们围绕垃圾分类这一主题开展讨论，梳理其共同经验，激发学习兴趣。

老师："关于垃圾分类，你都知道什么？"

堂堂："垃圾分为四类，厨余垃圾、其他垃圾、有害垃圾、可回收垃圾。"

言言："垃圾去了垃圾场，有的被火烧掉，有的被机器压扁。"

蜜儿："有的垃圾可以做成其他东西，有的不行。"

照照："道路上的保洁人员用夹子捡拾地面上的垃圾。"

从孩子们的讨论中了解到他们对垃圾分类的标准有一定的了解，同时有一定的环保意识。我们开展了捡拾垃圾并进行分类的活动。孩子们在捡拾垃圾的活动中，体会到了环卫工人的辛苦，同时了解了垃圾分拣员这一新工作。如何更加便捷地进行捡拾垃圾的工作呢？小朋友们提出了自己的想法。

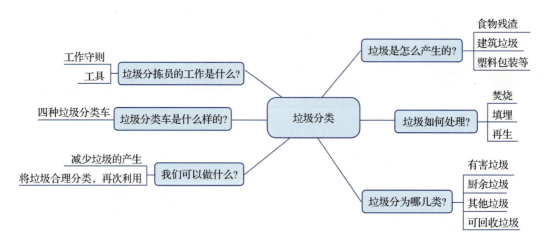

▲ "我是环保小卫士"头脑风暴网络图

STEM活动案例篇
生活小能手——生活中的"真"问题

 催化情境

1.班级环境

教师在班级教室内提供新型垃圾分类箱、孩子们可操作的垃圾分类益智游戏材料、垃圾分类的宣传页和图书等，让他们了解垃圾的产生、分类、处理、回收等知识。材料区投放吸管、毛根、纸绳、胶类材料等。

毛根、纸绳等基础材料　　胶类材料　　胶枪

班级门口环境创造　　校内垃圾分类处　　宣传手册　　宣传海报

图书　　图书　　玩具

2.家园互动

围绕垃圾分类我们发放问卷,设定以下三个问题:为什么要进行垃圾分类?垃圾分为哪几类?我们能做些什么?孩子们在家长的带领下,认真地进行了调研。

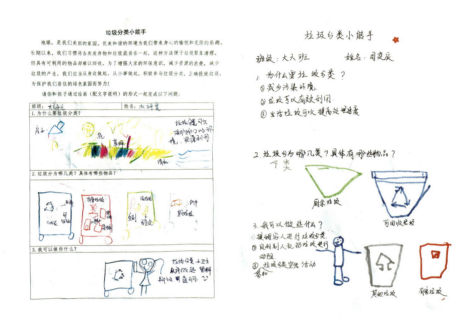

▲ 垃圾分类幼儿调查表

分享调查表过程中,孩子们关注到垃圾分拣员这一角色,为我们后期制作垃圾捡拾器埋下了伏笔。因此,后期围绕这一角色我们进行了再次调查。

各小区中也投放了垃圾分类桶,并且有垃圾分拣员帮助我们进行垃圾分类,科学投放。我们建议家长带着孩子一起到社区中进行社会调查,了解垃圾分拣员的工作和分拣垃圾时使用的工具等。通过社会调查,孩子们了解了不同职业的工作规范,更加真切地感受到垃圾分拣人员工作的辛苦。

根据项目活动内容,不断丰富巩固幼儿的知识经验,例如在制作垃圾捡拾器记录单中,首先鼓励幼儿自主设计,思考自己所需的材料,并在家中进行收集,同时调动家长参与,根据孩子设计的捡拾器预测其中存在的制作难点和学习知识点。

STEM活动案例篇
生活小能手——生活中的"真"问题

调查表	
环卫工人被称作城市美容师，他们辛勤工作，清洁我们的家园，让我们有一个舒适的生活环境。请你和家人一起采访环卫工人，了解他们的工作要求与需求，思考我们可以帮他们做些什么。	
我了解到：	环卫工人每天辛辛苦苦在大马路上工作，他们要把很多垃圾捡到垃圾桶里。
使用的工具有：	夹子、扫把、环卫服、小车。
我能这样做：	不随地乱扔垃圾；将垃圾分类投放；给环卫工人说谢谢，不给他们造成麻烦；送个贺卡。

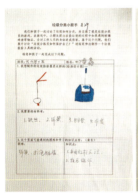 

△ 机械手调查表

△ 幼儿绘制的环卫工人工作图

工程计划

孩子们通过调查，了解到垃圾分拣员的工作非常辛苦，同时有很多不便，徒手捡拾容易受伤，更细心地发现高强度弯腰捡拾垃圾容易使他们受伤。他们提出要制作一个垃圾捡拾器，并讨论了工程方案。

主要解决的问题：

（1）设计制作垃圾捡拾器；

（2）编排《争做环保小卫士》绘本剧。

—083

具体活动阶段安排：

设计绘画—收集材料—尝试制作—调试改进

教师组织幼儿围绕制作一个捡拾工具开展活动，主要围绕做什么、怎么做进行实践，对活动内容有一个预期的设想、安排，帮助孩子形成做计划的思维方式。

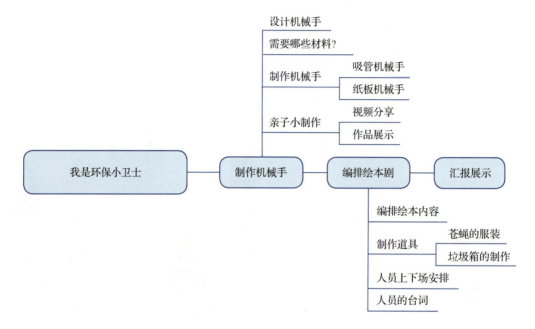

"我是环保小卫士"工程计划网络图

实践探索

从孩子们制订的工程计划出发，完成制作垃圾捡拾器的任务。根据游戏需要，在活动中生发新的内容，即编排《争做环保小卫士》的绘本剧，通过艺术表演的方式促发幼儿的艺术天性，丰富项目活动内容。

阶段一：制作垃圾捡拾器

1.设计垃圾捡拾器

我们需要设计一个什么样的垃圾捡拾器呢？在调研中发现了垃圾捡拾员的困难，我们围绕方便、卫生、快捷等要求讨论设计。

孩子们提出自己的想法和意见。

臭臭："我们做个吸尘机一样的，一吸就上来了。"

彤彤："我看到过有个环卫工人用的垃圾捡拾夹，环卫工人就用的那个。"

子航："制作一个吸垃圾机器人。"

思圆："我们给扫把上安装一个吸铁石就可以把铁类的垃圾吸附上。"

瑞鑫："可是你那个只能吸一种，不能进行垃圾分类呀！"

▲ 吸垃圾机器人　　▲ 吸铁石式扫把　　▲ 智能捡拾夹

▲ 垃圾吸尘机

幼儿将自己的设计理念进行阐述，并根据简便、易收集的标准进行筛选。教师将收集到的制作"机械手"的视频同幼儿一同观看讨论，并鼓励幼儿积极寻找相关制作材料进行制作。

教师思考：从幼儿的设计图中我们发现，幼儿能将自己的经验应用到所设计的产品中。例如在吸铁石式扫把中，根据磁力这一特性进行设计；在吸垃圾机器人中，幼儿参考了吸尘器的工作原理，根据垃圾的某些属性进行自动分类。我们惊叹于孩子的奇思妙想，也许幼儿园里目前不能进行制作，但这个想法在将来会成真的。

2.收集相关资料，操作材料

我们开展了关于"手的关节"的教学活动，了解了关于关节数量、连接的有关知识，为后期制作机械手手指做好铺垫。孩子们观看视频后，根据不同的制作材料分为两个小组制作"机械手"。

吸管机械手：吸管，剪刀，各类绳子，胶带。

纸板机械手：手的模型，剪刀，吸管，各类绳子。

（1）制作机械手。

问题1：手指上有几个关节？

吸管机械手制作开始了，孩子们收集了很多吸管，并尝试用剪刀剪出对应的关节处。

大齐："我们需要5根吸管，每根吸管是一根指头。""每根指头上的弯曲地方数量都是3个，大拇指是有两个弯曲的。"豆豆补充道。"我们可以先画出弯曲的地方。"嘟嘟说道。孩子们将指头弯曲的地方与吸管裁剪的数量形成对应。

孩子根据自己的发现进行裁剪，由于吸管太细易剪断，不太容易操作，教师便根据孩子的绘画进行裁剪，帮助其完成这一环节。

制作纸板机械手的小朋友遇到不同的问题是这样解决的。

阳阳："大拇指有两个指节，食指有三个指节……"甜甜："指节有多少个，我们剪多少个吸管。"孩子们将剪下的吸管一个一个有间隙地粘在指头上。

▲ 粘贴吸管机械手

▲ 测试吸管机械手

问题2：如何将绳子穿过吸管？

制作好第一步后，两组同时迎来了新挑战：如何将绳子穿过吸管？

孩子们选择了不同的材料进行尝试，嘟嘟选择了毛线，嘴里嘟囔着："这个太软了，不好穿过去。"旁边的阳阳看到后说："你可以选一个硬一点的绳子。"阳阳使用了纸绳，并将其对折增加硬度，最终顺利穿过吸管。"看看能不能借助什么工具将毛线穿过去。"王老师问道。嘟嘟跑到材料区找到了一根数棒，先用嘴巴把线头抿了一下，随后穿过第一个关节，然后借助数棒将毛线穿过剩余的两个关节。

孩子们受到了启发开始运用各种方法穿吸管，有的借助家人穿针的经验，有的借助工具进行穿线。同伴间的学习帮助孩子们丰富了自己的经验，并且在活动中进行实践验证学习成果。

问题3：我们的机械手能抓起垃圾吗？

测试产品是检验我们是否达成目标的必要阶段，在这个过程中也许会有失败，但这些经验的积累都会迎来那句"我们成功了！"

豆豆将五个制作好的机械指按照手指的顺序进行排序，固定在纸板上，通过双面胶、胶带等固定，反复拉动绳子检测看是否安装牢固。看到自己的作品，她迫不及待想要试一试。我们首先选择了藤球进行测试，多次试验发现无法抓起，孩子们有点丧气。"请你想一想，为什么机械手抓不起来藤球？"一旁的王老师提出了问题。"那个球太重了！"豆豆回答道。"找个轻一点的试一下，海绵！"辰辰立刻开始操作。"耶，我们成功了！"孩子们盯着那块海绵露出了微笑。

▲ 粘贴吸管机械手

▲ 测试吸管机械手

教师思考：在制作机械手的过程中，幼儿通过"拉"这一个动作感受到，力可以改变物体的方向，可以让物体开始或停止运动。在这个制作过程中，孩子们感受到材料组合带来的变化，过程中历经"抓""拉"等动作，了解了物体的"重""轻"等属性。孩子们在反复试误中调试改进，最终达成目的。

（2）家园亲子活动——纸板机械手。

1）收集材料，进行组装。

材料区提供了塑封好的手掌图形，幼儿收集吸管，并进行裁剪，根据每个手指上的关节数量进行粘贴。与吸管组幼儿相互借鉴穿线方式，最终将五根绳子统一粘贴固定在手掌部位。

2）展品测试，发现问题。

孩子们在进行拉拽线绳的过程中发现了问题。

阳阳："怎么一拉整个手掌都动？"

甜甜："拉不起来，塑料手掌一起动。"

经过测试，孩子们发现塑料手掌材料过于软，吸管容易掉，无法完成捡拾纸球这一任务。于是我们尝试使用更加坚固、容易裁剪的纸板进行制作。孩子们将塑料手掌的经验延伸至纸板机械手这一活动中，通过家园亲子互动的形式开展亲子制作。

亲自小制作

亲爱的各位家长：

我们和孩子们已经在幼儿园开展了有关手指的关节、好玩的机械手等活动，孩子了解到机械手的基本运作原理，也进行了初步的尝试和制作。在活动中，我们选择了塑料手掌，没有完成最终捡拾纸球的任务。孩子们提出可以使用纸板进行再次尝试，希望您可以和孩子一起完成这次捡拾纸球的挑战，并用视频、图片等方式记录孩子的学习过程。

期待您和孩子的分享！希望您也乐在其中！

3）调试改进，体验成果。

孩子们纷纷通过视频方式介绍自己的作品，也有家长通过短视频的方式记录幼儿在家制作的过程。孩子们主动讲述自己的设计过程和想法，同伴间相互交流评价，和爸爸妈妈一起发现小朋友的闪光点。

教师思考：通过亲子小任务，家长可以和孩子一起完成一件事情，解决一个实际问题，也可以是制作一个模型、产品。我们调动家长资源，鼓励家长和孩子一起探究，了解幼儿的学习方式，支持幼儿的深入探索。

▲ 幼儿在家尝试制作吸管机械手

阶段二：编排环保剧

孩子们在垃圾分类主题活动中，了解到垃圾分类的作用、分类的标准、如何保护我们的地球家园等。孩子们决定编排一个环保剧，进行垃圾分类的宣传，让更多的小朋友懂得保护环境的重要性。

1.剧本内容

孩子们商议通过表演让大家了解乱扔垃圾的危害，倡导大家积极自觉进行垃圾分类，保护环境。他们决定表演垃圾分拣员和宣传员的角色，并根据其工作设计语言。孩子们都想扮演主要的角色，在竞聘活动中纷纷踊跃地展示自我，由大家投票选择。

孩子们根据垃圾分类内容设计角色语言。

▲ 垃圾捡拾员工作场景

▲ 垃圾宣传员

垃圾桶的独白：我是一个垃圾桶，鱼刺、果皮、塑料袋统统都进我肚里，啊呜，今天吃饱了！啊！！！肚子疼！

垃圾分拣员：我是垃圾分拣员，收拾整理一整天，天天面对酸臭味，还有玻璃小碎片。啊，瞧！又有一个伤口！

垃圾分类宣传员：我是垃圾分类宣传员，垃圾分类人人做，做好分类为人人，垃圾分类从你我做起！这是宣传手册，请做好小区的宣传，9月1日起就要开始垃圾分类了。

四种垃圾的自我介绍：大家好，我是蓝可可，可回收垃圾都找我；我是红薇薇，有害垃圾都找我；我是绿楚楚，厨余垃圾都找我；我是灰其其，其他垃圾都找我。

△ 有害垃圾桶　　　　　　△ 可回收垃圾桶

△ 厨余垃圾桶　　　　　　△ 其他垃圾桶

小朋友制作礼物送给分拣员：送您一双小手套，双手温暖更干净；送您一个机械手，帮您工作更便利；送您一个捡拾器，让您工作更轻松。

2.我是环保小卫士歌舞表演

收集关于环保的歌曲,孩子们最终选择《争做环保小卫士》这首歌曲,通过朗朗上口的歌词搭配简单的动作,结合音乐的节奏进行表演。

依依:"垃圾乱丢弃,我们可以双手交叉说'不'。"

嘟嘟:"当听到'捡起地上的垃圾'时,就假装捡拾垃圾。"

为了演出效果,孩子们决定制作演出舞台背景。经过讨论,他们将关于垃圾分类的前期经验、制作过程等剪辑到视频当中,作为表演的电子背景。

教师思考:在选择表演背景时,教师和孩子们一起通过网络搜索照片进行筛选。如今想来,若是孩子们自己画出各个场景的背景,通过自我推荐、投票等多种方法竞选,加以动画效果,必能更突显孩子活动的自主性。

3.角色的分工

剧目中出现家庭成员、垃圾分拣员、垃圾分类宣传员等角色,孩子们对于想要扮演的角色及需要准备的材料等表达了自己的想法。

角 色	道 具
爸爸、妈妈等家庭成员	西装、裙子等
垃圾宣传员、分拣员	环卫衣服
四类垃圾	纸箱衣服
苍蝇	透明翅膀、黑色衣服

在这个环节中,我们放手给孩子们更多的自主性,通过"海选"的方式,让孩子们讲述自己的竞选优势和理由,展现自己的特长,根据投票选出入选第二环节的人员。第二环节,孩子们还提出"试镜"这一方法,竞演人员通过自己的语言、动作表现该人物角色的特点,评委(班级小朋友)投票最终确定角色人选。

▲ 幼儿画出苍蝇所需道具

4.道具的制作

孩子们收集纸箱和贴纸等，制作颜色、标识一致的四类垃圾桶道具。我们还制作了宣传册，帮助更多小朋友了解垃圾的分类要求。

△ 幼儿画的垃圾分类宣传海报

苍蝇这一角色，孩子们商量通过翅膀来表现，选择了透明的塑料纸和黑色即时贴进行制作。孩子们通过对折的方法粘贴翅膀上的花纹，实现对称的效果。

孩子们想要试穿一下，在王老师的帮助下，用透明胶带将翅膀粘到胳膊处。那只"小苍蝇"高兴极了，欢快地飞在教室里，时而"上升"，时而"俯冲"。

5.表演展示

孩子们通过讨论绘制了演出秩序图，确定人员的上场、下场位置，顺序等。

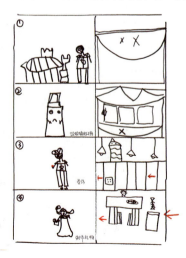 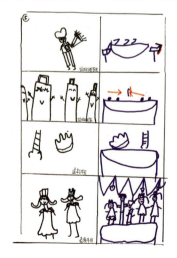

△ 幼儿商议并绘画上下场位置

堂堂："一开始，爸爸妈妈，我们就在舞台中间。"嘟嘟："垃圾桶也是在上面的。""那个捡拾垃圾的人从右边上，然后左边下。"孩子们使用箭头标识角色行进的方向，用人物绘画或打叉做标记的方法记录大致的上场位置。

孩子们根据自己的剧本，自主进行排练。一次次协商自己的站位，以及到音乐哪处、哪一句话上场，孩子们在一次次排练中更加默契。

教师思考：我们通过绘本剧这一展现形式，让更多孩子参与进来，孩子们自主选择角色并进行艺术创作。在设计动作和台词的过程中，我们和孩子们一起商议上下场的位置，相互提醒上下场时间。孩子们逐步具有舞台表演意识，并在合作排练中锻炼团队合作能力。

展示交流

我们从垃圾分类这一社会行为出发，追随孩子学习的过程与想法，围绕保护环境，做好垃圾分类展开，最终创设出《争做环保小卫士》这一剧目，引发观众的积极思考，并且展现了人与人之间的关爱和尊重，让孩子们在游戏中展示自我，满足了孩子们游戏的愿望。

在设计剧目环节，每个人都起着举足轻重的作用。演员们借助角色、剧情，将自己的想法予以表达，相互配合共同完成表演。在彩排中，孩子们通过幽默的台词和夸张的动作展现角色的特点，学会用肢体辅助语言，完善语言，提高了自我表达能力。在演出时，孩子们相互协调，尊重他人，并且适时地表达自己、展示自己，体验演出成功的成就感。

▲ 绘本剧表演

反思与评价

在设计环节中，孩子们大胆想象。通过绘画的方式使想法具象化，有的孩子根据已有经验画出现有捡拾器的样子，有的根据事物的某种特性进行二次加工，例如将吸尘机和垃圾分拣器结合起来……他们从不同的角度讲述自己的想法和主意，同时绘画这一方式也为孩子们后期进行制作提供了依据。也许这些大胆、离奇的想法在幼儿园无法实现，但一定程度上促进了孩子们创造力的发展，孩子们应该先具备敢想的态度，才有今后敢做的勇气。

在垃圾分类这一项目活动中，孩子们调动多种方式进行自我表达表现。他们通过艺术创作这一形式，兴奋地展示着自己的想法，在动手设计、制作、装饰服装中体验了劳动的乐趣，提升了制作道具的能力。在游戏的角色选定中，以自主展示、投票竞选、轮流等方式，每一个孩子都深入其中，乐在其中，游戏水平和沟通能力都会大大提升。在丰富的动作、幽默的语言的渲染下，每个人都全身心投入其中，秉持着自主、自愿的原则，孩子们都享受自己的角色，没有C位，都是主角。在这样一个社会性角色游戏中，孩子们不断深入感受并体验着不同的社会角色以及他们的社会责任，不断深入认识并理解着社会的规则、规范，为构建我们美好家园而共同努力。

跨学科核心经验梳理：

项目名称		大班"我是环保小卫士"
科学与工程实践		1. 能通过前期的调查、视频的观看等，尝试设计并收集材料进行制作； 2. 根据材料的不同尝试分组制作机械手，同伴间相互学习； 3. 将绘本剧划分为内容、道具、剧本等多方面，进行讨论并展开实践； 4. 尝试将学习活动的经历转换为绘本剧的形式进行展示汇报。
核心概念	科学	1. 在制作苍蝇的表演道具中感受对称图形； 2. 根据物体的属性，通过垃圾分类游戏理解集合的概念； 3. 使用简单的调查表记录自己的发现和调查结果； 4. 能根据垃圾的特性、属性进行分类； 5. 知道回收有用的垃圾有助于保护环境； 6. 区分有用的垃圾和有害的垃圾，形成保护环境的意识； 7. 感受杠杆原理在生活中的实际运用。
	工程	1. 能围绕让机械手抓握纸球这一目标进行深入探究； 2. 设计绘本剧，并进行角色分工、制作道具、汇报演出等。
	技术	1. 尝试运用联动的原理制作机械手； 2. 尝试多种方式（折叠绳子、使用木棒、抿线头等）将绳子穿过吸管。
核心概念	社会	1. 了解周围生活环境中各行各业劳动者的工作，尊重他们的劳动； 2. 能用废旧材料制作道具，爱惜身边的环境； 3. 认识几种常见的环保标识； 4. 在制作演出道具中体验劳动的快乐，获得成就感。
	语言	1. 愿意与同伴一起讨论问题，并讲述自己制作机械手的过程； 2. 能够根据绘画的剧本猜想发生的事情，并创编垃圾分类故事； 3. 在确定上下场位置时，同伴间进行合理的争论和询问，阐述自己的想法。
	健康	1. 了解手掌的主要关节及其结构，知道关节能使身体弯曲； 2. 能够沿着手掌的轮廓线剪出图形，边线吻合且平滑。
	艺术	1. 通过绘画讲述争做环保小卫士的绘本故事； 2. 根据角色形象（垃圾桶、苍蝇等）创编人物台词并大胆表现； 3. 能调动自己的经验，创设富有故事情节的动作进行表演，并伴随儿歌有节奏地用肢体动作表现韵律美； 4. 制作宣传海报中用艺术的语言展示自己的想法。
跨学科概念		因果关系：了解随意丢弃垃圾会对生活环境造成破坏； 系统与系统模型：感知大自然作为一个生态系统，事物相互间有着千丝万缕的联系。

种植园里的蔬菜棚

白朝侠　汤璐华

适合年龄

5～6岁

项目目标

- 学习运用工程思维思考蔬菜棚的搭建任务。
- 尝试使用工具进行测量（长度、温度）并运用数据完成建构和分析。
- 能够通过团队合作，积极讨论，合理分工，动手实践完成蔬菜棚搭建。
- 发现季节变化对植物生长的影响，探索科学技术在生活中的应用。
- 萌发关爱植物、关爱生命的情感。

STEM活动案例篇
生活小能手——生活中的"真"问题

项目网络

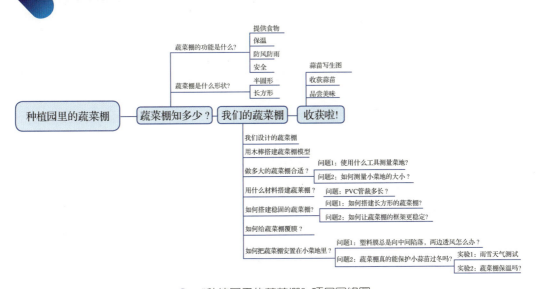

▲ "种植园里的蔬菜棚"项目网络图

实施过程

活动缘起

冬天到了,天气越来越冷。孩子们来到了种植园,迫不及待地跑去看我们种的蒜苗,纷纷叫嚷起来:"白老师!我们的大蒜叶子黄了!""蒜苗变干了!"……于是我抛出一个问题:"你们有什么办法让蒜苗茁壮成长呢?"孩子们纷纷提出自己的想法:有的说请种植园的白爷爷来帮

▲ 小菜地

忙，有的提议轮流照顾菜地，有的提出要给大蒜做一个蔬菜棚。于是，我们班开展了搭建大棚的活动。在整个活动中，孩子们积极与同伴合作，调动相关知识经验，在一次次失败中不断调整方案，最终完成了搭建任务，实现了保护小蒜苗安全过冬的愿望。

头脑风暴

孩子们围绕大棚的作用和形状展开了讨论，纷纷表达自己的对蔬菜棚的认识：

"蔬菜棚到底是什么？它有什么作用？"

"我们怎么制作蔬菜棚呢？"

"做什么形状的蔬菜棚？"

"蔬菜棚是什么颜色？"

"我们要赶快保护大蒜，要不然大蒜就要死掉了！"

孩子们通过紧张激烈的头脑风暴，表达交流着自己的想法。教师在这个环节与孩子互动，帮助孩子梳理问题，并将具有STEM价值的问题梳理成问题网络图。

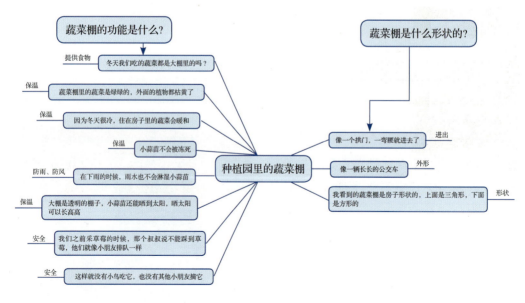

"种植园里的蔬菜棚"头脑风暴网络图

教师思考：在宽松的讨论环境中，幼儿围绕一个主题开展讨论，明确提出自己的认识和问题，积极发表自己的想法和建议。教师也从孩子们的讨论中梳理出大棚的功能、形状等相关经验，为后期开展搭建大棚的工程活动奠定了基础。

催化情境

真实的情境能让孩子们更好地投入到解决问题的活动之中，教师应积极为幼儿营造良好的探究环境，有针对性地、动态性地投放工具、材料，支持幼儿的操作学习。

1.丰富材料超市

为了让幼儿更直观地了解蔬菜棚的结构及作用，帮助幼儿拓宽思路，我们丰富了班级材料超市，为幼儿提供图片、视频、书籍，以及可能用到的材料和工具。

材料区：PVC管材、毛根、PVC管接口、防雨布、塑料布、圆头小木棒、泡泡泥等。

工具区：测量工具，尺子和红蓝数棒、立方体模型、相关书籍等。

△ 投放相关材料

2.实地考察

建议家长利用周末时间带孩子到农博园实地探访，孩子们带着问题考察参观，并与同伴、教师分享实地考察结果，为后续探索做经验铺垫。

△ 投放工具

△ 实地探访

教师思考：班级环境的创设能更好地支持幼儿自主探究的需要，同时父母作为家园合作的主要成员，带孩子去实地进行调研，让幼儿更直观地了解蔬菜棚的结构及作用，解决孩子对大棚的各种疑问，能更有针对性地丰富孩子的经验，为后期活动提供知识铺垫。

工程计划

基于前期的讨论、实地调研、查阅资料，师幼通过讨论梳理出搭建"蔬菜棚"需要解决的问题，如：

（1）搭建什么样的蔬菜棚？

（2）用什么材料可以搭建蔬菜棚？

（3）蔬菜棚做多大合适？

最终，孩子们根据讨论，确定了搭建蔬菜棚的工程方案：

设计蔬菜棚—探索可以搭建的材料—搭建蔬菜棚—在菜地安置蔬菜棚

教师思考：明确搭建大棚的任务，教师引导幼儿一起讨论工程中要解决的问题。在教师的引导下，幼儿围绕做什么、准备什么、如何做，初步制定了工程方案。虽然在方案中幼儿无法预料即将遇到的问题和困难，但这一过程对帮助幼儿形成一定的工程思路有积极的意义，有利于幼儿工程思维萌芽，明确后续实践活动的主线及内容。

STEM活动案例篇
生活小能手——生活中的"真"问题

实践探索

1.我们设计的蔬菜棚

基于前期经验，孩子们开始尝试设计蔬菜棚，画出自己认为最合适的蔬菜棚设计图，有立方体的，有拱形的，还有很多异形的。还用自己喜欢的颜色和方式装饰了蔬菜大棚，里面"种"满了蔬菜。

△ 设计图分享

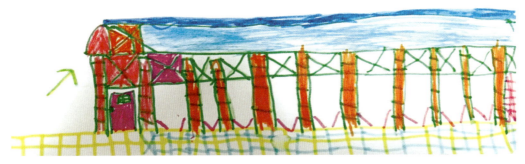

△ 最终设计图

2.用木棒搭建蔬菜棚模型

敲定设计图后，教师给孩子们提供小棒、泡泡泥等材料，供孩子们进行立方体模型的探索搭建，搭建中孩子们发现了平面图形和立体图形的区别与联系。

球球："我们要做一个棚子，能站起来的棚子！"

梁韵："那怎么才能让它立起来呢？"

—101

球球:"可以在上面继续加小木棒,就像盖房子一样,有第二层,这样就立起来啦!"

▲ 蔬菜棚模型

教师思考:大班孩子们已经认识了常见的平面图形,通过用泡泡泥和小木棒进行建模,发现了平面图形与立体图形的关系,对图形的三维空间结构有了初步认知,在反复操作中感受到了立方体的长、宽、高。在后期实际搭建中,可以迁移相关经验理解和搭建大棚的三维结构。

3.做多大的蔬菜棚合适?

孩子们经历了设计、模型搭建后,又提出了新的疑问:我们到底做多大的蔬菜棚合适呢?孩子们经过讨论,决定去量一量小菜地,在测量的过程中孩子们遇到了以下问题。

问题1:使用什么工具测量菜地?

应该用什么量菜地,孩子们在班级的工具区寻找合适的工具。

一何:"我们可以用绳子来测量。"

菁菁:"我们还可以用尺子,可以知道到底有多长。"

大家觉得菁菁的办法好,决定用尺子作为测量工具。

问题2:如何测量小菜地的大小?

到了菜地,孩子们又遇到了新麻烦,尺子应该怎么用呀?

耿介:"爸爸经常给我用卷尺测量身高,就是要把尺子的'0'对准我的脚,然后拉到我头顶的位置，读出数字，就是我的身高了。"

叮当："尺子不够长，怎么办呢？"

教师："你们可以先测量，然后做标记，再从标记的地方继续测量。"

▲ 测量小菜地

孩子们开始合作测量菜地的长和宽，并在设计图上记录结果。

教师："这里有这么多数字，哪个数字是小菜地的长度呢？"

阡陌："这个尺子上最大的数字是60，我们一共量了3次，每次是60，最后还有个4，这条边的长只要把这些数加起来就行了。"

教师："那我们的蔬菜棚要做多大呢？"

皓皓："应该要比菜地小一些才能装进去，就像套娃，小的套在大的里面才可以。"

孩子们用这种方法很快将小菜地的长、宽统计出来，同时在设计图上也做好了数字记录。

▲ 记录测量结果

教师思考：幼儿在真实的操作活动中尝试使用工具解决问题，发现工具可以给生活带来的便利。在活动中孩子们运用尺子进行测量和记录结果，并在测量过程中理解数字的大小与长度的关系。对于蔬菜棚的大小，能够对照游戏区套娃的设计原理进行对应，也进一步体现了幼儿的学习是在经验迁移中发生的，更加体现了环境的隐性教育作用。

4.用什么材料搭建蔬菜棚？

甜心："我去蔬菜大棚的时候，发现大棚是用透明的塑料布和铁柱子做成的。"

叮当："柱子很沉的！树枝可以吗？"

耿介："咱们用管子搭吧！咱们班的篮球架就是管子搭的，可结实了！"

问题：PVC管裁多长？

材料收集好后，新的难题接踵而来，管子需要多长呢？

墨清："设计图上长边是60+60+60+4，短边60+60+3。"

寰宇："那我们可以把管子都裁成60，如果不够长我们拼起来就好了。"

教师："那裁管子需要用到哪些工具呢？"

墨清："锯子！"

毛豆："一定要戴手套，要不然会受伤的。"

孩子们在老师的帮助下，完成了PVC管的剪裁。

STEM活动案例篇
生活小能手——生活中的"真"问题

△ 裁剪PVC管

教师思考：作为一个工程活动，选材也处处体现着适宜性。透明塑料布和铁棍作为实地探访获得的第一手资料，孩子们只能实践塑料布这一部分，那么如何选取替换材料成为主要问题。孩子们因铁柱的质量过大，操作不便而舍弃。树枝因其尺寸不够，韧性、坚固程度较差等也被淘汰。孩子们最终选择了低结构建构材料PVC管，因其安全、轻便、易组装。

5.如何搭出稳固的蔬菜棚？

问题1：如何搭建长方体的蔬菜棚？

米亚："那我们搭多高呢？一根管子够用吗？"

悦辰："我们先试一试，如果觉得太矮了，可以用两根管子。"

小伙伴们纷纷表示赞同。有了前期建模的经验，搭建得心应手，蔬菜棚框架初现雏形。

△ 合作搭建蔬菜棚

— 105

教师思考：在面对平面转化为立体时，幼儿围绕"站起来"开展探索。大棚从由需要扶着到能够自主"站立"，对于幼儿来说极具挑战性。同时这个过程中人员间的配合、团队间的协作逐步凸显出来。幼儿会主动说"我来负责扶着""我来组装"，初步形成了工作的分工。

问题2：如何让蔬菜棚的框架更稳定？

孩子们很快就将蔬菜棚搭建完成，在移动蔬菜棚的过程中，一不小心架子就散了，对此，孩子们多次尝试解决这个难题。

旭旭用小锤子敲打积木的连接处，让管子和接口连接得更加紧密。敲打完毕后，悦辰用宽胶带固定管子和接口连接的地方，孩子们齐心协力，很快蔬菜棚就固定好了。

△ 加固蔬菜棚

教师思考：幼儿发现了"歪歪扭扭的蔬菜棚"稳定性较差，于是使用胶带和小锤敲打加固，达成了预期目标。在第一次搭建结束后，教师也在思考，我们发现其稳定性和坚固程度远远达不到要求，中间缺少支撑柱、框架梁。我们在下一个阶段中尝试引导其发现并解决这一难题。

6.如何给蔬菜棚覆膜？

孩子们对应设计图上的尺寸进行了塑料膜的裁剪，并迫不及待地给蔬菜棚披上了"新衣"。

皓皓："这个中间的塑料膜塌下去了，不够平。"

派派:"我拽一下,你那边也拽一下。"

在同伴的帮助下,塑料膜上面能保持平平的,可是孩子们发现塑料膜必须得两边拽着,中间部分才不会凹下去,只要松手就会塌陷。阡陌提议:"给中间加一根管子作为支撑来解决这个问题。"

▲ 测量并覆膜

孩子们将裁剪好的塑料膜盖在蔬菜棚上,发现塑料膜小了,只能盖住上边,两边根本遮不住,无法起到保温的作用。但是剩下的塑料膜不够了,怎么办呢?孩子用宽胶带将塑料膜拼接起来,这下大小就合适了。

7.如何把蔬菜棚安置在小菜地里?

搭建完成后,孩子们合力将蔬菜棚运送到小菜地,在安置过程中,又出现了新的问题。

问题1:塑料膜总是向中间滑,两边透风怎么办?

梁韵:"我看到蔬菜大棚里的塑料膜都是埋在土里的,这样两边就不漏风了。"

皓皓："那我们也用土来压一压！"

问题2：蔬菜棚真的能保护小蒜苗过冬吗？

我们的蔬菜棚完工了，孩子们都非常好奇，想要知道蔬菜棚能否真的保护小蒜苗度过寒冷的冬天。

▲ 安置蔬菜棚

▲ 安置蔬菜棚

实验1：雨雪天气测试

孩子们模拟雨雪天气，在蔬菜棚上浇水，发现水都流向棚顶中间，越聚越多。孩子们担心起来，雨大了棚子会不会塌了。怎么解决排水问题呢？

通过实验孩子们发现，蔬菜棚有一定的承重能力，当水积压在棚顶达到一定量时，水会顺着棚边流下去。孩子们还发现，棚顶积水处有凹陷，孩子们想到用木棍对角交叉安置在蔬菜棚架子上，做一个支撑。

STEM活动案例篇
生活小能手——生活中的"真"问题

▲ 雨雪天气测试

实验2：蔬菜棚保温吗？

蔬菜棚有没有起到保温效果呢？孩子们找来温度计，将其放置在蔬菜棚内。通过与室外温度计的对比，发现棚内温度确实比室外温度高。我们的蔬菜棚起到作用了，小蒜苗的家很暖和。

▲ 观察棚内外温度并记录

–109

教师思考：塑料膜的固定、雨雪天气的试验测试、室内外温度的对比试验，这三次试验和测量活动体现了孩子们的科学思维和方法运用。从框架的搭建到塑料膜的固定，完成了搭建大棚的工程任务。接下来的两项测试从排水、保温等进行了专业化的实践，更加完善了蔬菜棚的功能和效果。

展示交流

1.蒜苗写生画

　　蔬菜棚搭好后，孩子们每天都去看小蒜苗，并带上纸和笔，记录小蒜苗的成长。

2.收获蒜苗

　　寒假后一开学，孩子们迫不及待地来到了菜地，掀开塑料膜后发现，大蒜在蔬菜棚的保护下顽强地生长着。孩子们兴奋地叫了起来，快看，我们的大蒜长得多好！

3.品尝美味

　　孩子们将收获的小蒜苗带回家，在爸爸妈妈的帮助下，品尝到了美味的蒜苗，感受到不一样的收获体验。

▲ 蒜苗观察记录

▲ 品尝蒜苗　　　　　　　　　　▲ 收获大蒜

STEM活动案例篇
生活小能手——生活中的"真"问题

教师思考：在这个过程中，孩子们真切地感受到植物生长变化的规律，感受到了大自然的馈赠。他们用图画的方式记录自己的发现，用制作的方式分享自己的成果，也进一步萌发了亲近自然、热爱自然的情感。

 反思与评价

STEM活动源于孩子们生活中真实的问题，围绕"真"我们展开探究。寻找"真问题"，从如何保护小蒜苗出发，幼儿在工程方案环节逐步形成解决问题的思路和初步方案；开展"真实践"，在幼儿提出自己的想法后，我们给予百分百的支持，鼓励其发现问题，寻找原因，探究方法，真正让幼儿在操作中学习和感受；萌发"真情感"，当看到自己的想法变成实物时有一种成就感，当收获自己的劳动成果时有一种幸福感，当品尝到自己的劳动成果时有一种自豪感。

整个活动中，幼儿在工程实践的过程中整合了多种经验，运用观察、比较、实验、测量等多种方法解决了一个个真问题，将对技术的应用渗透在操作中，在测量中发现工具的作用，感受数字在生活中的实际应用，体验数字的有用和有趣，并在蒜苗的成长过程中感受植物的生长变化规律，体验劳动的快乐。

项目名称		大班"种植园里的蔬菜棚"
科学与工程实践		1. 发现生活中大蒜面临的现状，并针对现状提出有价值的、有意义的问题； 2. 尝试通过小组讨论、师幼互动方式，设计调查问卷、图表开展调查实践，了解蔬菜棚的结构和作用； 3. 积极参与制作蔬菜棚的实践活动，在试误中提升制作经验，解决问题。
核心概念	科学	1. 在动手实践中认识长方形和长方体的关系； 2. 用自然测量的方式对蔬菜棚的长、宽、高进行测量； 3. 能够点数制作蔬菜棚时所需PVC管的数量； 4. 了解冬季季节特征和大蒜生长的条件，知道天气的变化对大蒜的影响； 5. 知道蔬菜棚的结构、外形和基本作用； 6. 掌握固定蔬菜棚时的重心和平衡问题； 7. 对安置蔬菜棚时的倾斜度进行探索，保证不囤积雨水。

核心概念	工程	1. 在成人的帮助下能够结合已有经验完成蔬菜棚的计划； 2. 幼儿能使用教师设计的调查问卷、图表来表示自己的调查和发现，并设计解决方案； 3. 在搭建的过程中，尝试解决PVC管的连接问题以及塑料布的固定问题。
	技术	1. 能在实地探访中用拍照记录等方式了解蔬菜棚的外形特征及作用； 2. 学习使用温度计测量棚内外温度。
	社会	1. 能坚持完成蔬菜棚的任务，并积极尝试与同伴合作完成任务； 2. 在设计蔬菜棚时能够听取同伴的意见和建议，愿意接纳他人的想法。
	语言	1. 在介绍蔬菜棚设计图、搭建蔬菜棚的过程中，能用完整连贯的语言清晰地表达自己的想法； 2. 在他人介绍设计图时能认真倾听并给予回应。
	健康	1. 在使用工具时有一定的安全意识和自我保护意识； 2. 愿意参与蔬菜棚的搭建，能经常保持愉悦的心情。
	艺术	在设计蔬菜棚时有自己对美的想法和看法，并将其融合进自己的设计图或者作品中。
跨学科概念		1. 结构与功能：探索蔬菜棚外形结构和其功能的关系，如斜面顶可以防止雨水囤积； 2. 稳定和变化：感知蒜苗生长前后的变化。

游戏小玩家——游戏中的"新"挑战

多米诺大挑战

赵 程

适合年龄

5～6岁

项目目标

- 在实践探索中了解多米诺的基本原理，愿意与同伴合作参与多米诺游戏挑战；
- 掌握搭建的基本方法，能结合材料属性，围绕搭建原理（距离摆放、重心、力等）设计、搭建多米诺；
- 在探索中遇到问题时，能与同伴合作并结合已有经验筛选出最优方案解决遇到的搭建问题，感受成功的喜悦。

项目网络

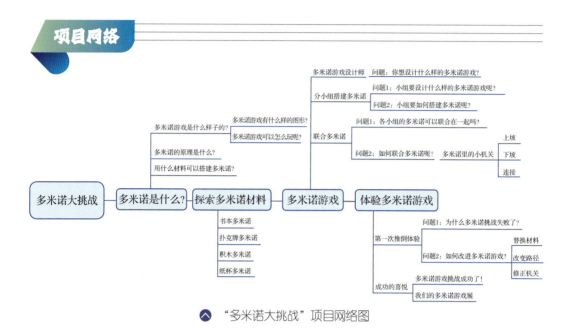

▲ "多米诺大挑战"项目网络图

实施过程

活动缘起

班级的活动区域里放了多米诺骨牌，孩子们对此非常感兴趣，都积极投入到探索多米诺骨牌的游戏里，乐此不疲，萌发了在班上搭建一个有趣的多米诺游戏的想法，于是积极地投入到调查中。

▲ 孩子探索多米诺玩法

▲ 孩子尝试搭建不同形状的多米诺

头脑风暴

带着新的挑战,我们一起观看了多米诺视频,形式多样的多米诺机关让孩子们大开眼界,他们都兴奋得手舞足蹈,还不忘提出自己对多米诺视频的认识和看法。

朵朵:"这个多米诺的图案太好看了吧!"

心心:"就是,地上的弹珠可以弹到桌子上,后面的东西一下子就倒了,真厉害!"

杨杨:"我们也想做像电视上一样的多米诺呀!"

森森:"那我们用什么材料做多米诺呢?"

豆豆:"我们应该想一想在哪里做多米诺呢!"

心心:"我要设计一个好看的图案才行。"

孩子们通过紧张激烈的头脑风暴,表达交流着自己的想法。教师记录幼儿问题,梳理成问题网络图。

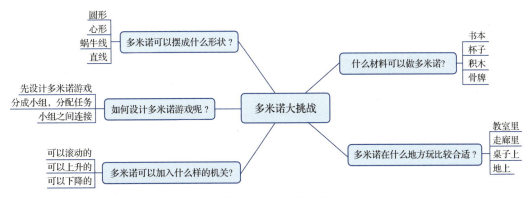

"多米诺大挑战"头脑风暴网络图

催化情境

1.创设班级环境

教师与家长找来了许多多米诺游戏视频,与孩子一同观看并发现多米诺的精彩玩法,分析视频中多米诺的机关的运用。多米诺神奇的变化让孩子们更加兴奋了,不断地提出自己的新想法。于是，教师结合孩子们的探索需要继续丰富班级材料超市，为孩子们提供可能用到的材料和工具，如投放积木块、多米诺骨牌等，还会投放一些隐性材料，如统一规格的纸盒、玩具等，不仅如此，教师还投放了图书、平板电脑、多米诺卡具等材料支持孩子们的探索。

丰富班级材料超市

投放多米诺相关图书

孩子们观看多米诺的相关视频

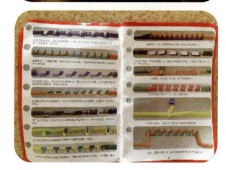

投放多米诺说明书

2.亲子实地探访

教师结合孩子的想法，把这个项目和现阶段遇到的问题以倡议书的形式发给了家长朋友，邀请家长为我们的活动提供支持和建设。

倡议书

亲爱的各位家长：

目前我们班级正在进行"多米诺挑战"，孩子们的兴趣都非常浓厚。孩子们想搭建一个大的多米诺，可是孩子们对多米诺的了解较少。在此希望广大家长可以参与进来，陪伴孩子们一起了解多米诺。希望孩子们了解的知识内容可以在群里共享，大家一起学习！

STEM活动案例篇
游戏小玩家——游戏中的"新"挑战

很快，利用周末的时间，家长们带孩子走进了科学博物馆，深入学习多米诺的相关知识。孩子们体验多米诺游戏，聆听专业的讲解，再一次丰富了游戏经验，迫不及待地跟小伙伴们分享。

皓皓："我们家里也有和学校一样的多米诺，可以给多米诺之间搭一个桥让他们连接起来！"

可乐："博物馆里有多米诺介绍，好大，碰倒一个后面就会全部倒了。"

▲ 多米诺博物馆

▲ 家庭探索多米诺

工程计划

有了前期丰富的经验，孩子们对活动更加感兴趣了，每天都期待着下一次的多米诺游戏。在教师的带领下，师幼共同制定出多米诺挑战的"工程方案"。

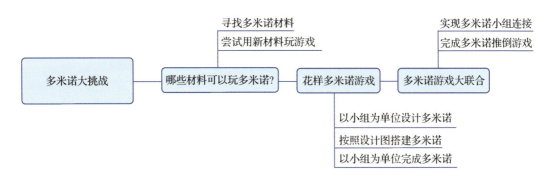
▲ "多米诺大挑战"工程计划网络图

— 117 —

师幼通过讨论梳理出"多米诺挑战"中要解决的实际问题,如:

(1)什么材料可以玩多米诺?

(2)如何设计有趣的多米诺游戏?

(3)多米诺游戏中可以设计哪些有趣的机关?机关在多米诺游戏中的作用是什么?

根据问题,师幼共同制定出多米诺挑战的实施方案。

实践探索

活动一:材料探索

按照预设的方案,孩子们首先对材料进行了探索。

乐乐找到了一块积木,和多米诺骨牌对比了起来:"我觉得积木可以,它和多米诺骨牌长得很像!"

轩轩在图书区看到了排列整齐的书:"我们可以用书本也试试!"

经过一番观察和寻找,最终孩子们选择了以下几种材料进行尝试。

孩子选择的探索材料

探索材料1——书本

杨杨最先找到图书尝试。他将书打开后立起来,一个套在一个里面,摆放了一段距离后尝试推倒,只倒下一半就卡住了。杨杨有些失望,摸摸自己的脑袋像在思考些什么。教师和杨杨一起分析原因并鼓励他再次尝试："书打开像三角形，那样的话太稳定了，所以倒不了。"第二次杨杨改变了摆放的方法，将书稍打开，采取前书封底和后书封面相对且平行的摆放方式，还简单设计了书本的轨迹，尝试推倒："成功啦，成功啦！"成功后的杨杨兴奋不已，迫不及待地去和大家分享自己的发现。

▲ 叠加摆放尝试推倒失败

▲ 平行摆放推倒成功

探索材料2——多米诺骨牌

▲ 摆放多米诺骨牌

▲ 多米诺骨牌推倒成功

因为孩子们都具有前期多米诺骨牌的游戏经验，所以很快就搭建成功了。

探索材料3——扑克牌

欢欢选择了扑克牌进行探索。由于班级前期有扑克牌搭建的经验，欢欢很快就将扑克牌立起来并按照自己的设想进行摆放尝试。她想要用扑克牌搭一个闭合的圆圈，于是进行水平连接型摆放，但是在试验过后发现只有小部分扑克牌倒了，剩下的依然没有反应。

乐乐："你摆的是圆形的，这样倒不了。"

欢欢："我想让它好看一点。"

乐乐："你可以这样……"说着乐乐帮助欢欢将扑克牌按照水平连接的方式摆放并尝试推倒："哇！成功了！扑克牌也可以做多米诺！"

围合摆放纸牌推倒失败

水平摆放纸牌推倒成功

探索材料4——积木

可乐和其他孩子一起对积木进行探索："我们应该找可以立起来的，要不然立不住怎么办呀！"说着，孩子们认真地在建构区寻找，并尝试将积木连续摆放在一起，尝试推倒。"成功啦！成功啦！你看积木也可以推倒的！"在兴奋的叫喊声中，又有孩子提出了新的想法。"那我们再加几块这个长的试一试。""好呀好呀！"说完孩子们又认真地摆弄起来。

积木推倒成功

探索材料5——纸杯

轩轩发现了材料区的纸杯:"这个纸杯大小都一样的,用纸杯也做一个多米诺吧!"于是轩轩选择了五颜六色的纸杯用来搭建多米诺。

用纸杯第一次尝试搭建

用纸杯第二次尝试搭建

用纸杯第三次尝试搭建

第一次,轩轩尝试将纸杯口朝下,进行摆放,推动第一个纸杯时,后面的纸杯并未推倒。轩轩:"纸杯口大,杯底小,这样摆放太稳定了。我觉得把纸杯口朝上是可以推倒的。"说完轩轩再次进行尝试,仍然没有推倒。轩轩认为纸杯这样摆放不合适,纸杯倒了会滚,他没有放弃,整理了自己的想法又进行了第三次尝试。

轩轩改变了之前多米诺的摆放方式,他认为纸杯可以像金字塔一样堆砌起来。

教师:"这样还是多米诺吗?"

轩轩:"是,就是多米诺呀,像个机关。"

教师:"你看看这次能成功吗?"

轩轩:"可以有个积木撞它一下。"边说轩轩还找到一块积木演示起来……

教师思考:材料不仅能激发孩子的探究兴趣,材料的本身特性决定着孩子在与材料的互动中能获得什么样的学习经验,所以在材料的投放中教师要有所思考,引导孩子发现制作多米诺的材料特征,同时引导孩子在探索中发现这些材料成功和失败的原因分别是什么,帮助孩子深入了解材料属性。

活动二:分组完成多米诺搭建任务

我们的挑战任务是制作一个大的多米诺,可是怎么完成大的多米诺呢?

心心:"我们用多米诺把教室摆满就可以了!"

可乐："那摆满需要多少人呀！"

朵朵："那我们每个人都摆，再连起来不就好了。"

俊俊："我们可以几个人一起摆，再连起来，一个人也很慢呀。"

经过商讨，孩子们决定分小组搭建多米诺，每个小组搭建一部分多米诺，再将不同组的多米诺进行连接，最终完成大的多米诺。有了想法，孩子们自发地寻找伙伴，开始了小组的多米诺计划。

探索1：小组设计

在开始任务前，孩子们根据自己对材料的选择进行分组，有的选择用积木搭建，有的选择用彩色的多米诺骨牌，有的选择各种各样的材料。根据想法，每个小组设计出了自己的设计图，与同伴、老师进行分享。

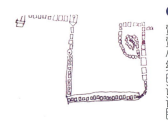
萱萱小组的设计图

希希小组的设计图

翔翔小组的设计图

不同小组绘制的设计图

萱萱："我们想设计一个有蜗牛线的多米诺，很好看！"

翔翔："我们想用积木搭建一个多米诺，圆的积木就可以从三角形的积木上滚下来了！"

茜茜："我们的多米诺有很多机关，多米诺骨牌会从上面滚下来，撞到一个多米诺，其他的就都可以倒了！"

希希："我们的多米诺要像彩虹一样，有很多的颜色！"

妞妞："我们的多米诺里面有好多材料，有笔，有杯子，有小汽车，还有积木和多米诺骨牌呢！"

探索2：小组探索，问题解决

有了设计图，孩子们兴奋地尝试了起来。但设计、制作是一个很复杂的过程，在制作的过程中，每一个小组都遇到了相同或不同的问题。孩子们通过不断探索、小组商讨，最终解决了这些问题。

◆ 问题1：如何让多米诺骨牌的间距一样呢？

（1）多米诺骨牌如何保持距离？

▲ 多米诺骨牌间距不同，推倒失败

▲ 借助多米诺卡具调整摆放位置

在探索多米诺骨牌的时候，妞妞尝试了多米诺骨牌的连接，但是在尝试推倒后发现并没有连锁反应。妞妞再次进行尝试，发现还是只推倒了一部分。

"是因为你这两个中间的距离太长了。"茜茜指着妞妞摆放的多米诺说。

"你应该让他们的距离都一样，这样就好了，因为多米诺之间的距离摆放有的长有的短，就不会倒的，要将距离摆放更近。"

"那怎么样才可让距离一样呢？"

茜茜翻了翻多米诺的材料桶，找到一个卡具："咱们试一下这个。"于是茜茜和妞妞一起借助多米诺卡具来摆放骨牌，可以保证多米诺之间的距离相等，再次尝试，最终成功。

（2）积木多米诺如何保持距离？

积木小组也遇到了同样的问题，可是积木材料没有卡具，不能像多米诺骨牌一样。

这个时候翔翔想到了一个好办法："你看，我拿一块积木放在排队的两个积木中间，这样他们的距离就相等了。"

▲ 借助积木调整间距

"可是这个积木不够了怎么办呢？"杨杨指着空缺的地方说。

"没关系呀,这两个小的可以拼成一个大一点的积木。"说着杨杨按照翔翔的办法进行尝试,很快,积木小组也找到了搭建的技巧。

◆ 问题2:多米诺骨牌如何上升和下降呢?

搭建的过程中,森森的一个问题吸引了大家的注意:"怎么样能让多米诺从低的地方到高的地方去呢?"孩子们七嘴八舌地讨论起来:"可以从高的地方到低的地方去,滚下去就好,但是没有办法滚上去呀。""我记得电视里有办法,有个机关多米诺就上去了……"

这次遇到了难题,孩子们想要排列的积木实现上升和下降,可以怎样做呢?

尝试1:搭建台阶

森森:"我知道了!做一个台阶,一层一层地就可以上去了!"

他的想法给了大家灵感,孩子们纷纷行动起来开始调整小组的设计图,增加了挑战的难度。按照设计图的想法,孩子们提出搭建楼梯,让积木沿着楼梯上升和下降。

搭建台阶

用积木搭建斜坡

寻找摩擦力小的物体搭建斜坡

连接处增高

尝试2:用积木制作下降机关

这时候翔翔小组的孩子们发现,把三角形的积木斜面朝上,就可以让圆柱形的积木从上面滚下来。于是孩子们提出要用积木本身来搭建机关,在几个孩子的尝试下积木从"斜坡"上滚了下来:"成功啦!"孩子们兴奋地拍手叫好。

尝试3：借助其他材料制作下降机关

森森在建构区找到了一个收纳盒的盖子："我可以用这个盖子做个坡，比积木坡还要大呢！"于是森森借助收纳盒的盖子制作斜坡，触碰顶部积木使积木下滑撞倒底部的多米诺。"你看这个盖子光光的，积木一下子就滑下来了。"森森一边说一边讲解着。

另一组的圣雄将积木连接处的多米诺进行叠高，使连接处的多米诺高于积木。"我觉得这个高的倒了之后就可以碰倒台阶上的积木，这样后面的积木也可以倒掉啦！"圣雄一边和同组的孩子讲述着自己的想法，一边忙碌地搭建着。

◆ **问题3：多米诺怎样排列才漂亮？**

△ 排列的多米诺骨牌　　　　　　　　　　△ 按照模式排列骨牌

欢欢乐乐这一组摆好了"彩虹"多米诺，兴奋地叫别的组的孩子过来参观。"快看！我们的彩虹多米诺摆好了！有6种颜色呢！""哇，真好看！有红、橙、黄、绿、蓝、紫，紫色接着又是红、橙……"孩子们尝试将多米诺按照一定的模式进行排列。

教师思考：在探索的过程中，每个小组都遇到了不同的问题，大家互相分享着搭建经验，不断地提升多米诺的复杂程度。同时孩子们都能想到利用工具解决问题，如多米诺卡具，甚至借助现有材料制作工具，说明孩子们对材料的属性有了了解，并创造性地利用材料。在解决上升和下降的问题时，有了第一个积木小组的经验，其他孩子都能借鉴积木组的经验，寻找相似的材料制作斜坡，说明他们已经学习了同伴的经验并将其运用到解决问题的过程中。在"彩虹"多米诺组，孩子们已经将数学经验运用到排列中，按照一定的模式规律进行排列。在每一次解决一组关键问题后我都会引导孩子深入讨论，不仅能帮助该组孩子梳理经验，还能激发其他小组孩子的思考。

活动三：实现各小组间的多米诺连接

瑄瑄组按照自己的设计图排列出尾部都是蜗牛线的图案，发现蜗牛线无法和下一组进行连接。于是孩子们重新调整自己的方案。

尝试1：将蜗牛线图形的位置改变，调整到外部

孩子们不舍得放弃蜗牛线的设计，于是将方向进行了调整，可改变了蜗牛线的方向，可多米诺的末端依然卷向内侧无法连接至下一组。萱萱想了想，再次调整了设计图。

尝试2：将多米诺进行分支设计，一部分连接下一组，一部分实现蜗牛线

▲ 更改设计图增加路线分支　　　▲ Y字路线设计　　　▲ 搭建Y字路线

在经过不断尝试后，孩子们探索出一种新的摆放路径，将多米诺进行Y字分支，一部分与下一组连接，一部分制作蜗牛线的图形，既实现了连接目的，又保留了蜗牛线，大家非常开心。

▲ 多米诺总体设计图　　　　　　▲ 多米诺整体搭建效果

教师思考：这一环节孩子们将不同小组的多米诺进行联合，增加了游戏难度。他们遇到了在小组搭建过程中没有出现过的问题。这就要引导孩子多角度全面地思考，如何在现有的基础上进行加工和改造以满足游戏的需要。通过这些探索过程，不断激发孩子们的深度学习。

活动四：多米诺推倒试验

在大家的努力下，多米诺多组联合初次搭建成功，孩子们满怀期待地等着奇迹的发生。可在推倒试验中，许多连接环节出现了很多问题，导致多米诺中间多次产生停顿，并没有像我们想象得那么顺利。孩子们有一些沮丧，在老师的鼓励下，一起观看推倒的视频回放，一起分析原因。

任任："是那个笔总是向两边倒，不能推倒后面的多米诺。"

茜茜："还有皓皓组的扑克牌，放在中间太轻了，无法推倒后面的塑料玩具。"

森森："有一些地方的机关设计得太多了，而且都失败了呀！"

乐乐："一开始那个小车总是跑出轨道，要很多次才能成功。"

……

▲ 首次搭建完成

▲ 总结经验

教师记录孩子们的发现和思考，大家在讨论中梳理了失败的原因，准备下一次的尝试。

（1）小车沿坡道下滑时易脱离预设轨道。

（2）前面的多米诺材料动力不足怎么办？

（3）部分材料在实验过程中成功率较低。

教师思考：这一环节的讨论中，我们鼓励孩子大胆发表自己的想法，通过观察和对比发现在第一次游戏中出现的问题，敢于提出自己的想法或不同的意见，发展了孩子的批判性思维。

活动五：调试与改进

虽然没有大获成功，但孩子们在前期的学习中积累了丰富的搭建经验，很快孩子们重新调整了多米诺的设计图，修改了方案，对照原因一一总结进行调整，改进多米诺骨牌的设计和搭建。

△ 梳理失败原因

△ 重新调整设计图

由于开始下行时小车容易偏离轨道，孩子在探索中决定利用积木搭建围栏，固定小车的行驶轨迹。但在接下来的试验中，孩子们发现小车的动力无法推倒后面的材料产生多米诺效应，最终将小车替换为较重的圆柱形积木。经过商讨，孩子决定去掉在试验中成功率较低的机关，对连接处进行优化。

◁ 增加围栏固定小车行驶轨迹

◁ 更换起点材料

◁ 搭建台阶实现缓坡上升

◁ 去掉复杂的、成功率低的机关

STEM活动案例篇
游戏小玩家——游戏中的"新"挑战

教师思考：调试和改进的过程也是孩子反复试误的过程，孩子已经根据存在的问题寻求解决方案，不断地去探索新的合适的方法改进作品，充分体现了孩子对已有经验的运用。

 展示交流

孩子们通过反复的调试和改进，与同伴商讨，多次试验，最终多米诺试验成功。他们邀请其他班级的孩子进班观看"多米诺挑战"的成果，还主动向大家分享自己的小组是如何分工完成每一阶段的任务的。

多米诺挑战结束之后，孩子们在我园的"六一体验日"上也向同伴和家长们展现了自己的成果，还设置了多米诺体验区，邀请同伴感受多米诺的游戏过程。这一过程不仅帮助孩子们巩固了多米诺游戏的经验，也提升了他们的自信。

▲ 再次尝试

▲ 孩子们向家长展示多米诺成果

 反思与评价

从多米诺项目活动的实施阶段中可以看出，孩子们在与同伴的配合下，运用多种方法和工具解决每一阶段遇到的问题，完成每一阶段的任务，达成项目的目标。

多米诺本身是一个搭建活动，却蕴含丰富的STEM经验，在活动中需要孩子们整合数学、科学、技术和工程等跨学科的知识来解决问题。例如：在解决多米诺如何上升

— 129 —

的问题时，孩子们通过操作运用材料积极解决工程难题。搭建台阶要求对材料的数量和距离把握得很精准，这就需要幼儿反复地对比和观察，才能实现积木台阶上升。随着活动的每一次推进，孩子们对问题的聚焦能力也逐渐变强，由设计大的路径深入到连接处的细节。孩子们能够不断发现问题并借助材料与同伴合作解决问题，培养了科学思维、动手能力，还能促进社会交往等方面能力的发展。

在每次活动结束后，孩子们都能大胆地向同伴展示与分享自己的想法。当同伴间出现不同的意见时，能寻找合理的理由说明自己的看法，在得到他人认可后，更加激发了参与者的学习动力，提升了他们的自信。

家长们对"多米诺挑战"给予了极高的肯定，认为这样的活动不仅能激发孩子的学习兴趣，还能让其在玩中学，提升孩子的动手能力、探究意识。

跨学科核心经验梳理：

项目名称		大班"多米诺大挑战"
科学与工程实践		1. 在活动中遇到困难时能创造性地、灵活地解决，愿意在试误中完成挑战； 2. 活动中能根据项目的任务进行分工，能用多种方式记录、展示自己小组的作品。
核心经验	数学	1. 多米诺骨牌或者多米诺材料按照一定的模式进行排列； 2. 能够用自然测量的方式对多米诺的间距进行测量； 3. 能运用多种计数方式对所需多米诺的数量进行计算； 4. 掌握多米诺搭建时的高度和角度问题，探索物体的结构与功能之间的关系。
	科学	1. 了解多米诺游戏的基本原理并在实际的游戏探索中运用； 2. 探索用不同多米诺材料搭建的重心和平衡； 3. 制作机关时感受摩擦力、力的分解、力与反作用力。
	技术	1. 在测量不同多米诺间距时能够借助工具，如自然材料和尺子等； 2. 能利用多媒体工具进行学习、记录等（例如互联网、平板电脑、摄像机）。
	工程	1. 能依据多米诺游戏需要寻找材料、分组搭建、联合游戏； 2. 在工程实践中能够不断地调试和改进搭建过程中遇到的问题； 3. 能够在多米诺活动中将任务分工并相互协作。
	艺术	1. 能在搭建多米诺路径时设计直线、曲线、长线、短线、蜗牛线的路径； 2. 在设计多米诺时能加入艺术表现，如多米诺的排列可能有彩虹的形状或者彩虹色彩； 3. 在绘制多米诺设计图时，画面布局合理，能运用一定的艺术手法。

核心经验	社会	1. 在完成多米诺挑战的搭建任务时，能与同伴分工合作，完成自己感兴趣或擅长的工作，遇到困难能一起克服； 2. 搭建过程中与同伴意见不统一时能自己协商解决，能倾听和接受别人的意见，不能接受时会说明理由。
	语言	1. 在多米诺搭建的过程中能注意听同伴讲话，听不懂或有疑问时能主动提问； 2. 能清晰、有序地介绍自己的多米诺设计图，表达自己的搭建想法。
	健康	能够手部灵活地使用多米诺的卡具、搭建工具，具有一定的安全意识。
跨学科概念		1. 模式：能按照一定的模式规律将多米诺骨牌或者多米诺材料进行排列； 2. 尺度、比例数量：能够用比例、尺度、数量等概念来讲述多米诺的摆放或游戏规则； 3. 物质与能量：感受势能和动能在多米诺骨牌之间的转换关系。

小人儿微店

孙 敏

适合年龄

5～6岁

项目目标

- 了解微店的经营流程（设计、制作、上架、推广、销售等），在成人的帮助下能够借助平板电脑进行店铺管理；
- 愿意合作完成微店货品的制作与销售，会进行简单的运算和统计；
- 在项目中真实地体验不同职业带来的乐趣，感受网购的便利。

STEM活动案例篇
游戏小玩家——游戏中的"新"挑战

项目网络

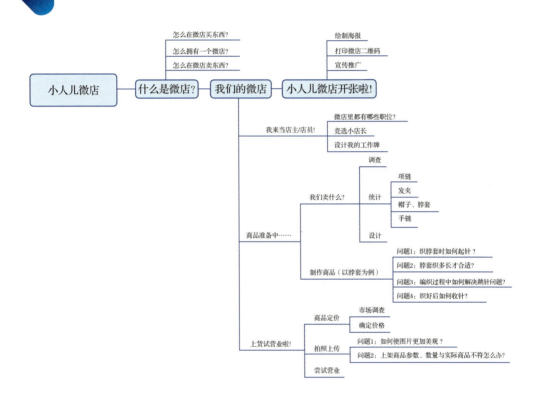

△ "小人儿微店"项目网络图

实施过程

活动缘起

小朋友们在种植园收了很多菜，去小厨房做了美味的菜盒后，还剩了许多蔬菜，地里的蔬菜还在不断成熟，蔬菜太多不能很快吃完就会烂到地里。有的说送给其他班的老师和小朋友，有的说送给家长或幼儿园的厨房，有的则说卖掉……于是引发了孩子们的讨论。

王正:"送给隔壁班的老师和小朋友。"

妙妙:"送给厨房的叔叔伯伯们……"

腾腾:"不行不行,我们种菜多辛苦,我不舍得送。"

小树:"那不如把菜卖掉,我爷爷在老家种了好多树苗,卖掉能赚很多钱呢!"

淼淼:"对啊,卖了赚的钱,我们还可以买其他东西,就不用花爸爸妈妈的钱了。"

孩子们听了都兴奋地同意了这个想法,乐呵呵地说:"可以像妈妈一样开一个微店,太好玩了!"

那什么是微店呢?怎么样才能开一个微店?微店活动应运而生。

▲ 孩子们收获自己种植的蔬菜……

头脑风暴

提出问题后,为了让孩子们了解微店,我们一起上网查看了微店和网店,孩子们纷纷提出了自己对微店的认识和看法,并与同伴和老师讨论。

俊尧:"那我们怎么样才能拥有自己的网店呢?"

图图:"网店要用电脑操作,我们不会怎么办?"

钰晨:"网店里除了卖蔬菜,还可以卖什么呢?"

STEM活动案例篇

游戏小玩家——游戏中的"新"挑战

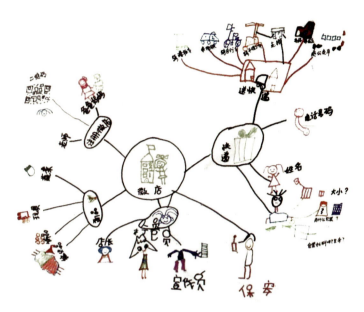

▲ 微店运营流程思考

孩子们通过紧张激烈的头脑风暴，表达交流着自己的想法。教师在这个环节与孩子互动，同时记录孩子们的问题，并将有价值的问题梳理成STEM问题网络图。

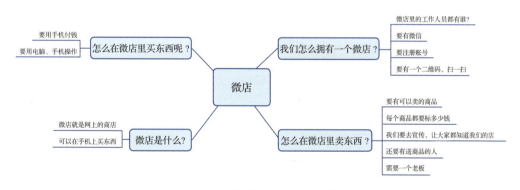

▲ "小人儿微店"头脑风暴网络图

 催化情境

1.班级环境

根据孩子们的游戏计划，我们调整班级游戏区域内容，增加了店长办公区、编织区、打包区。丰富材料超市的材料，为孩子们提供可能用到的材料和电子工具，如投放毛线、编织机、丝带、拼豆等；还会投放一些隐性材料，如统一规格的纸盒、包装袋等。不仅如此，在店长室还投放了平板电脑、手机、宣传海报等支持孩子们的学习。

▲ 编织区　　　　　　　　▲ 打包区　　　　　　　▲ 孩子们操作编织机

2. 家长资源开发

利用班级微信群向家长请教微店的申请流程，家长平时网购时鼓励孩子一起操作，让孩子在家中探索学习电子产品的使用方法及注意事项，家长的支持推动了微店项目的开展。

▲ 微店意见征集

STEM活动案例篇
游戏小玩家——游戏中的"新"挑战

孩子们设计的店铺LOGO

"小人儿"微店二维码

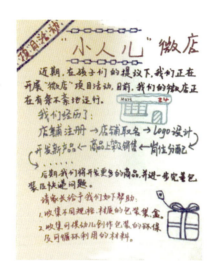
活动后期倡议书

竞聘宣传

家长微店购买记录

物品上架、销售操作流程图

工程计划

本项目以问题"如何经营微店"引出，孩子们通过市场调查、职位竞聘、制作商品、拍照上传、售后服务，到最后收获利润的真实职业体验，探索微店经营中的问题。

1.师幼通过集体讨论梳理出"微店"项目中需要解决的实际问题，如：

（1）谁来经营申请好的微店？

— 137 —

（2）如何制作微店里要售卖的商品？

（3）如何将商品尽快卖出？

2.根据问题，师幼共同制定出微店管理和商品上架的实施方案：

岗位竞聘演讲—设计售卖商品—分工制作商品—店长上架商品—微店宣传推广

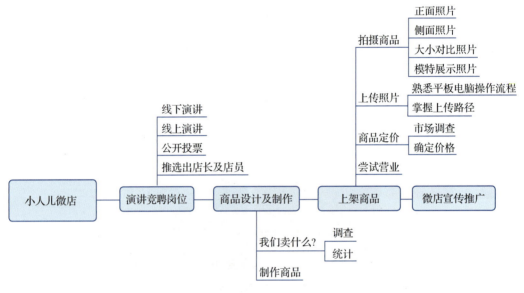

△ "小人儿微店"工程计划网络图

实践探索

在这一阶段，鼓励孩子们大胆执行自己的计划，给孩子们提供运用已有经验解决问题的机会，鼓励和指导孩子们开展跨学科的学习，在反复试错中积累多方面的经验，并提供相应的技术和工具支持。

1.我来当店长、店员！

按照大家共同讨论预设的方案，孩子们通过演讲竞聘上岗，因此孩子们需要提前确定自己想要竞聘的岗位，并准备相对应的演讲内容，采取现场演讲及线上演讲的方式阐明自己的工作想法，通过班级民主投票，确定每个人的职位。

（1）微店里都有哪些职位呢？

微店里的职位包括店长、店长助理、采购员、设计师、宣传员、摄影师、模特、打包员……孩子们通过视频了解每个职位的职责及任务，基本能选择自己感兴趣的职位进行竞聘。

（2）竞选小店长。

孩子们通过讨论发现，在演讲的过程中，要将自己的优势通过语言及肢体动作展现出来，这样获得投票的票数才能更多。所以在准备期孩子们观看了相关演讲视频，并在父母及教师的指导下在家、在园反复练习。竞聘开始了，孩子们站在台前落落大方，语言流畅，表现欲很强。

⬆ 竞聘小店长拉票中……

（3）设计我的工作牌。

孩子们根据自己的岗位设计出独特的工作牌，并在体验游戏时带牌进区，认真履行自己的职责。

⬆ 孩子们自制工作牌

教师反思：此环节中孩子们能够根据自身的喜好和优势对自己心仪的岗位进行筛选，确定好自己的目标后，及时准备竞聘发言稿并反复练习，以确保自己能够顺利上岗。最难忘的瞬间是，竞聘当天，俊尧小朋友因病在医院输液，他参加了线上竞聘。看着同伴边输液边演讲，小朋友们以热烈的掌声全票通过了他的打包员岗位。

2.商品准备中……

（1）我们卖什么？

孩子们兴高采烈地围绕"我们的微店应该卖什么"展开讨论和调查，考虑上架什么样的商品。每个小组都根据各组材料进行讨论，再由个别绘画能力较强的孩子帮助大家绘制整理设计图，最后分组制作。

△ 调查表

豆豆："我们可以在网上卖发卡，我妈妈老给我在网上买发卡。"

墨墨："我家里还有很多没有看的书，可以在网上卖掉吗？"

小树："冬天到了，我们可以卖围巾，我们班的区域有毛线可以做。"

正正："我们再种点蔬菜，然后再在网上把它卖掉。"

悠悠："我们可以画一些漂亮的画和贺卡！"

…………

STEM活动案例篇
游戏小玩家——游戏中的"新"挑战

▲ 收纳袋组

▲ 发卡组

（2）制作商品（以脖套为例）。

每个小组都热火朝天地忙活起来，其中制作脖套组的孩子们在编织过程中遇到了问题。

问题1：纺织机怎么用？

孩子们拿到毛线，准备使用编织机织脖套，面对从未使用过的机器，孩子们发现无从下手。文文找来说明书，看了半天也没明白；诗涵将线围圈缠绕，一针一针缠绕在织机上，尝试摇动把柄，结果线绕成一团，以失败告终。

在一旁淡定观察的优优突然大喊："编织机旁边有二维码，我们扫一扫，说不定会告诉我们怎么织。"萌萌一扫，发现这是编织机的品牌公众号，关注公众号后她们便一起研究起来，里面的各种教程视频引起了她们的注意。翻看了十多个视频后，终于看到了围巾的编织视频，

▲ 探索用钩针起针

优优负责操作编织机，萌萌负责将视频一播一停来配合优优顺利起针，这样反复七八次，终于成功地起了两圈针，孩子们兴奋地欢呼起来。

— 141

教师思考：在孩子们探究的过程中，教师为孩子们提供了编织机说明书、编织针法图片，结果孩子们由于图示观察经验不足而失败。后来发现编织机侧面的二维码，他们便扫码观看了教程视频，直观的教学视频很快解决了孩子们的问题。

问题2：脖套织多长才合适？

尝试1：淼淼先找来直尺测量了自己的脖子和同伴的脖子长度为10厘米。与正在编织的优优协商后，她们觉得脖套要比脖子长一点，于是决定织15厘米的脖套。接着淼淼将直尺对准正在编织的脖套进行测量，确定好了脖套长度为15厘米。

尝试2：正正拿一条旧的脖套进行对比，然后确定所织脖套与旧脖套保持长短一致。

尝试3：墨墨先按照大家的意见织出一条，再进行试戴，根据试戴效果再确定脖套长短。

问题3：编织过程中如何解决跳针问题？

尝试1：淼淼一人慢慢摇动编织机手把，图图在一旁观察编织机是否跳针，这样的编织速度慢一些。

尝试2：谦谦用手拉住毛线，使毛线与编织机保持平行，孩子们发现这样的操作不易跳针。

问题4：织好后如何收针？

尝试1：将脖套从编织机上取下来后，用毛衣针将所有线圈缝起来。

尝试2：用钩针将线圈一针一针钩住收口。

▲ 毛衣针辅助收口

▲ 钩针合作收口

3.上货试营业啦!

(1)拍照上传。

班级摄影师在拍摄区为要出售的产品拍照,孩子们根据网购经验拍摄了商品的正面、侧面、背面及细节(或模特展示)照片,拍好后将照片发给店长,由店长审核并上传。

问题1:如何使商品图片更加美观?

上传时孩子们发现上架的商品图在展示页面方向(横、竖)、大小不一致,不美观。这可怎么办呀?孩子们着急坏了。店长将问题反馈给摄影师,共同讨论。原来是拍摄时手机方向的问题。于是孩子们重新拍摄,拍摄时注意统一方向,并在上传照片时将照片调整至同样大小。

问题2:上架商品参数、数量与实际商品不符合怎么办?

新的问题又出现了,孩子们发现详情页的介绍信息和实际商品有出入。为了让顾客清晰准确地了解商品详情,孩子们重新测量商品尺寸,更改尺寸数据,并邀请摄影师拍摄测量尺寸细节图,上传至商品详情里,便于顾客更直观地浏览。

(2)商品定价。

商品图片拍摄完毕后,孩子们发现要上架商品必须给商品定价,于是又针对商品的价格问题进行讨论并展开调查,确定商品价格。

▲ 拍摄商品

▲ 模特展示帽子、脖套

▲ 测量商品的实际尺寸

4.尝试营业

一切工作准备就绪，店长与大家商议后决定直接开始营业，并将店铺二维码分享至班级家长群里。上架的商品非常抢手，很快就被家长们一抢而光。孩子们开心不已，将每一笔收入都记录下来，俨然一个个小老板。

▲ 调查表　　　　　　　　　▲ 店长记账中

展示交流

营业后，微店顾客以本班家长为主，还比较少，也略显冷清。宣传员们分为两组奋力宣传：一组宣传员绘制海报去其他班级、社区进行宣传；另一组则打印了微店二维码，在离园时邀请全园的家长们扫码关注，增加店铺人气及销售量。与此同时，他

STEM活动案例篇
游戏小玩家——游戏中的"新"挑战

们"敏锐"的"商业意识"还使他们紧紧抓住了每一次进班参观的客人老师，只要有老师或客人进班，孩子们便会使出浑身力气推广并请大家关注自己的微店，微店收入得以大幅度提升。

▲ 孩子们自制宣传海报

▲ 向前来参观的老师展示如何编织

教师思考：经过不断的调试和改进后，微店经营基本有序开展。可以看到在微店项目活动中，孩子们通过以工程为核心的设计与制作活动来解决问题。这是涉及多领域经验的过程，推动了孩子们素养的全面发展，既提高了孩子们的学习兴趣，又培养了科学精神、创新精神和动手实践能力，让孩子们能更好地应对、适应飞速发展的现代化生活方式。

 反思与评价

微店活动很受孩子们欢迎。这个活动不仅提升了真实职业体验感，又接轨社会，将实际生活中的问题多途径、多元化解决，同时又轻松达成了许多学习目标。在活动中，孩子们按计划、有目的、分步骤地实施自己的计划，实际体验微店的经营管理。他们在微店活动中也遇到了许多问题，期间能够有效地应用科学、数学、技术、工程等多学科知识，通过自己的实践操作去解决，从而获得成功的体验。

跨学科核心经验梳理：

项目名称		大班"小人儿微店"
科学与工程实践		1. 同伴间商议并绘制微店的经营模式和开店流程； 2. 能够根据客户需求、季节特点制作适宜的商品进行售卖； 3. 通过展板、照片等方式展示自己的学习过程，通过经营微店展示自己的成果。
核心概念	科学	1. 会进行简单的运算，给商品定价，统计计算商品收入； 2. 能用简单的记录表表示简单的数量关系； 3. 探索照相机与手机的拍摄方法； 4. 掌握尺子、软尺等工具的测量方法。
	工程	1. 能够遵循设计—制作—调试—改进的基本思路进行商品的制作； 2. 根据兴趣和能力自愿分组与分工。
	技术	1. 感受并体验微店这一网络技术在生活中的实际应用。 2. 运用工具对微店的商品进行测量并上架； 3. 利用平板电脑、手机等工具进行学习、记录等。
	社会	1. 店长能够主动承担任务，并愿意与店员沟通解决问题； 2. 岗位竞聘时，报名人员超额，主动提出投票选举出适合该职务的成员。
	语言	1. 愿意与他人讨论问题，能有序连贯地表述事情的起因结果； 2. 对文字和符号感兴趣，会应用符号进行表达。
	健康	能够与同伴相互友好协作，赞同并支持他人的想法。
	艺术	1. 能用多种工具、材料或不同的表现手法表达自己的想象； 2. 能用自己的设计布置环境，布置拍摄区。
跨学科概念		尺度、测量、数量：理解并运用尺度、测量、数量等相关概念和方法，如脖套的规格。

科学探秘者——科学中的"趣"探索

小球的旅行

张春艳

适合年龄

5～6岁

项目目标

- 在不断试误中，达成让小球按照既定轨道运动的目标，体验成功的喜悦；
- 尝试根据设计路径图，选择合适的材料（积木、U型槽）搭建小球运动的轨道；
- 对物体在斜面滚动的现象感兴趣，初步感受小球移动速度与坡度大小间的关系；
- 自主探索轨道连接的方法，感知小球的滚动与轨道的关系；

项目网络

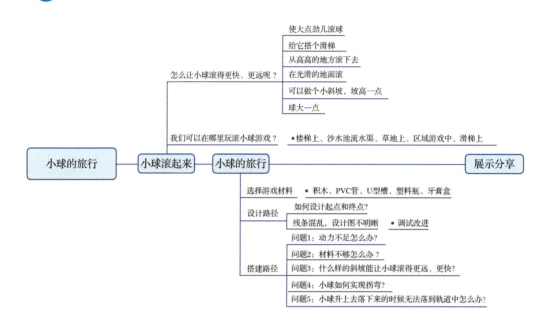

▲ "小球的旅行"项目网络图

实施过程

活动缘起

班级区域里投放了许多乒乓球,孩子们非常感兴趣,用它探索出了很多玩法,有"保龄球"式扔,有"篮球"式拍,还有"沙包"式抛接。针对孩子们的游戏兴趣,教师提出挑战:"如何让小球自己滚起来去旅行?"随着老师提出问题,孩子们很快投入到让小球滚动的探索中。

STEM活动案例篇
科学探秘者——科学中的"趣"探索

头脑风暴

如何让小球滚得更快？如何让小球滚得更远？围绕两个挑战问题，孩子们纷纷表达了自己的想法。经过紧张激烈的头脑风暴，教师将孩子们分享的内容进行了梳理总结。

嘻嘻："我用魔方在桌子上围了一个圆圈，让小球在圆圈里面滚动，可是，它滚一会儿就会停下来，需要我吹一口气才能继续滚动。"

高高："我们用纸砖积木为小球搭了一个滑梯，它可以滚很远。"

南南："我们用积木给小球搭了一栋楼房，它自己从每层楼都可以下去。"

欣欣："我们用纸杯和纸板做了一个小坡道，小球也可以滚下来。"

▲ 用魔方在桌子上围圆

▲ 纸砖积木搭建的滑梯

▲ 乒乓球下楼梯

▲ 纸杯和纸板做成的小坡道

— 149

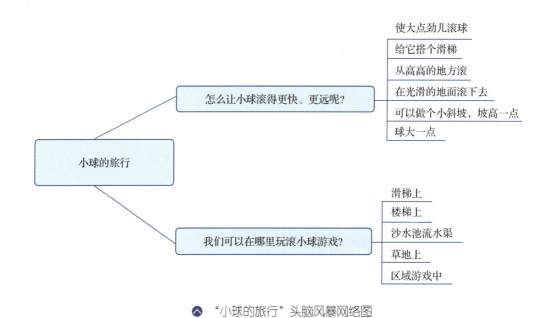

▲ "小球的旅行"头脑风暴网络图

  催化情境

1.园所环境支持

孩子们积极探索幼儿园的各种场地，试着让乒乓球从滑梯、流水槽、山坡、楼梯扶手从高往低滚下，不同环境会呈现不同的游戏现象和游戏结果。孩子们用记录表记录自己的游戏发现，也为接下来孩子们的探索活动丰富了经验。

▲ 草地上的发现　　▲ 滑梯上的发现　　▲ 水池旁的发现　　▲ 楼梯上的发现

STEM活动案例篇
科学探秘者——科学中的"趣"探索

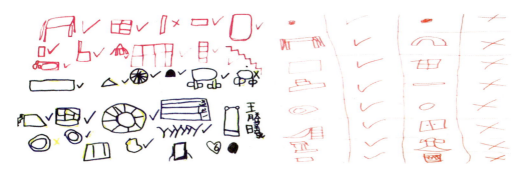

▲ 孩子们用记录表记录自己的发现

朱玉："小球在跑道上滚着滚着会停下来。"

嘻嘻："它还会跑到其他地方去。"

酸奶："我需要使劲推它,它才能跑得更远。"

格格："小球滚的时候不会拐弯,一遇到拐弯的地方就会停下来。"

西西："球在木地板上滚得远,在地毯上滚得慢。"

科学探索室的轨道材料为孩子们的探索提供了思路。

▲ 科学探索室活动

2.环境创设

在班级材料超市提供了以下材料:凹槽材料、斜坡与轨道玩具、单元积木。后期投放了奶粉桶、纸杯、雪糕棒、纸箱小凳子等辅助材料。

—151

▲ 其他辅助材料

▲ 斜坡与轨道玩具

工程计划

教师和幼儿开展了多次讨论，主要围绕活动材料的确定、空间环境的设置等问题展开。通过研讨，孩子们明晰了工程思路，让活动内容更聚焦，我们梳理出"小球的旅行"游戏实施方案。

（1）寻找合适的搭建轨道材料。

（2）规划小球在班级活动室内旅行的路线。

（3）运用各种材料开展搭建活动，完成小球旅行的挑战任务。

选择游戏材料—设计路径—实践挑战—展示分享

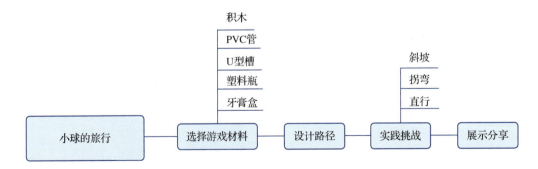
▲ "小球的旅行"工程计划网络图

STEM活动案例篇
科学探秘者——科学中的"趣"探索

实践探索

◆探索合适的游戏材料

按照预设的方案,孩子们首先对材料进行了探索。通过实验,孩子们发现有"围栏"的材料可以保护小球在运动的过程中不会脱出轨道,保证小球能沿着一定的路径滚动。

嘻嘻:"我发现把纸对折,让它变成椭圆形,两边就出现了围栏。"

格格:"我把牙膏盒子对半剪开,也会有围栏。"

豪豪:"矿泉水的瓶子从上往下,沿着中间剪开也可以。"

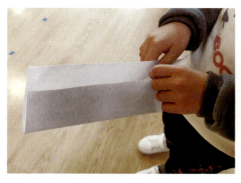
▲ 将纸对折

▲ 矿泉水瓶从中间剪开

但是,在后期实验过程中孩子们通过观察和对比,发现纸太软,牙膏盒子太短,矿泉水瓶边缘容易划伤手指。最终,在家长的帮助下,我们发现了更适宜的游戏材料——U形槽。

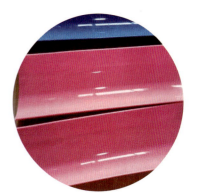
▲ U型槽

教师思考:在材料的投放和选择中,有幼儿熟悉的纸质材料,有幼儿喜欢且能引发创作的材料,如矿泉水瓶。在当前实践过程中他们能够根据任务需要选择相匹配的材料和工具,并能对材料进行加工和改造,制作出满足当前游戏需求的适宜材料,使用材料和工具的过程中具有一定的安全意识。

—153

◆ 设计路径

为了增加游戏的趣味性，结合场地布局，孩子们经过商量，决定在教室里让小球自己完成一段又远又快的旅行。豪豪通过边画边讲的方式分享了自己的创意，从前门出发，旅行到建构区后拐弯到达娃娃家。孩子们根据设计图开始了小球旅行路线的搭建工程。可是在依据设计图搭建的过程中，出现了下面的问题：

格格："这个设计图里的路线太多了，我们都不知道从哪里开始搭。"

一一："我们几个都看不懂他的设计图，怎么搭？"

嘻嘻："路这么多，小球该往哪里滚？什么时候才能滚到娃娃家？"

由于设计图里包含了许多交叉路线，孩子们在搭建的过程中无法实现这些交叉路线的搭建。随即，我们经过商量、讨论，修改了设计图。

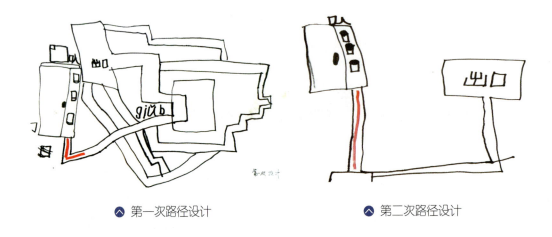

▲ 第一次路径设计　　　　　　　▲ 第二次路径设计

教师思考：第一次画设计图时，孩子们想通过多条路线串联班级的各个区域，但在实际操作的过程中遇到了很多的困难，如搭建的路线如何和别的路口连接、路口太多容易拥堵、找不到起点、无法实现挑战……由于合作经验不足，加之积木数量有限等问题，孩子们进行了二次设计，在保证游戏趣味性的同时，降低了搭建难度。两次设计图的呈现，充分体现了孩子们聚焦实际问题寻找解决办法的思路和能力。

STEM活动案例篇
科学探秘者——科学中的"趣"探索

◆ 实践挑战

问题1：动力不足怎么办？

第一次尝试：

确定设计，着手搭建，孩子们将U型槽进行水平连接摆放，尝试让小球在上面完成旅行，但是在试验后发现小球滚动过程中由于动力不足，会慢慢停下来。

▲ 水平连接U型槽　　　　▲ 借助积木搭建斜坡　　　　▲ 借助积木搭建斜坡

通过讨论，孩子们寻找解决的办法，借助积木搭建一个斜坡。在斜坡的帮助下小球会不会顺利完成旅行呢？孩子们发现，有了斜坡的帮助，小球的滚动距离变长了，可还是无法完成从前门到建构区的漫长旅途。

▲ 探索斜坡

教师思考：从第一次的水平连接到第三次借助积木搭建斜坡，孩子们已经发现斜坡的高低、长短对小球滚动距离的影响。孩子们基本建构技能的掌握，是"斜坡与轨道"活动开展的基础。从现场操作过程中幼儿的反应来看，幼儿表现

— 155

出了积极的学习态度，虽然三次尝试都失败了，却积累了经验。

再次尝试：

▲ 两种材料结合搭建斜坡

▲ U型槽的摆放对小球的影响

U型槽在连接过程中总是阻碍小球运行，经过探索孩子们发现，连接U型槽时需要按照上下错落的方式排列才可以保证球的顺利滚动。于是，他们立马调整了接口处的摆放位置，将第二个U型槽压在了第一个U型槽的下面，这样依次类推。

▲ 改变U型槽排列方式

▲ 搭建好的斜坡轨道

问题2：什么样的斜坡能让小球滚得又远又快？

孩子们设计了阶梯式的轨道搭建方式，可是在实践过程中小球从高处U型槽下落时会脱离轨道。发现问题后，孩子们立刻进行了调整，重新调试上下两个U型槽的距离后，小球终于可以顺利滚动了。

> STEM活动案例篇
> 科学探秘者——科学中的"趣"探索

△ 小球滚着滚着会停下来

△ U型槽排列第一次设计图

△ U型槽排列第二次设计图

△ 缩短接口处的距离

△ 调整好的斜坡轨道

经过孩子们多次的调整、改进，小球终于可以顺利地从前门滚到建构区，接下来需要拐个弯到达娃娃家。新的问题出现了……

问题3：小球如何实现拐弯？

小球在拐弯过程中为什么会停下来？如何让它自动拐弯呢？

嘻嘻:"这个三角积木可以放在拐弯的地方,有一个斜坡的帮助小球就可以继续滚动了。"

格格:"我觉得一块不够,需要多放几块三角积木,这样坡度就变大了。"

西西:"你们的积木都太小了,我觉得应该把大三角积木放在那里,这样斜坡变长、变大,小球才能达到娃娃家。"

高高:"你们都不对,应该用这个半圆积木才可以。你看,它放在这里直接就拐弯了。"

△ 小球无法实现转弯

△ 利用三角积木形成斜坡图

△ 增加三角积木数量

△ 利用长三角积木形成斜坡

△ 尝试利用半圆积木实现拐弯

针对拐弯的问题,孩子们进行了很长一段时间的探索,也分别对自己的想法进行了验证,但都以失败告终。

STEM活动案例篇
科学探秘者——科学中的"趣"探索

教师思考：在该环节，孩子们已经能够运用积木形状特性，如有斜面的三角、有弧度的半圆积木做轨道中转弯、转接的材料，能更有针对性地解决问题。随着孩子们的挑战越来越有难度，他们不断生发出新的想法，想要在小球的运行轨道中设计机关，让小球在滚动过程中不断获得新的动力。

教师了解孩子们的需求后，发动家长与孩子们一起搜集相关视频，提升孩子们的相关经验。

吴佳毅分享给大家的想法获得了孩子们的一致认可。"我跟妈妈去延安旅游的时候，看见叔叔把井里的水从下面摇上来，我们可以像他们一样在拐弯的地方加入一个机关，让小球升到高处再次向下滚动。"

于是，孩子们在此处用PVC管制作了小机关，小机关设置在转弯的地方，小球滚到一次性纸杯里，用绳子做牵引，将小球拉到高处，从上而下进入另一个斜坡，补充动力继续完成旅行。

 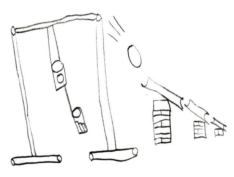

▲ 孩子们根据设计图制作出的机关

问题4：小球升上去落下来的时候无法落到轨道中怎么办？

泽泽："我们用手把小球拿出来再放进去。"

西西："我们用盒子接住小球。"

一一："我们把后面的斜坡搭成和机关一样的高度。"

正正："我们可以做一条通道啊，让小球从通道里滚到下面的斜坡里。"

最终，孩子们决定采用正正的方法，为小球制作一个通道，让小球顺利完成旅行。

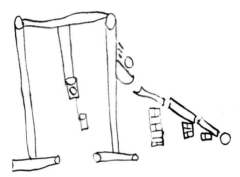 

△ 调整机关

经过实验，小球终于顺利实现转弯，也完成了从前门到达建构区再到娃娃家的旅行。

教师思考：在解决问题的过程中，幼儿迁移生活经验实现了"直角转弯"，并为小球提供了新的动力，使整个活动看起来更加有趣、生动。幼儿在制作机关的过程中运用了轮轴转动提升小球高度，这都源于幼儿对生活的观察，并迁移生活经验解决实际问题。同时，在解决问题的过程中，也体现了明显的工程设计思维。如用绳子做牵引，纸杯当媒介，都是幼儿通过工程设计作品的综合体现。

 展示交流

在这一阶段，幼儿通过反复调试和改进，与同伴商讨，多次试验，最终帮助小球顺利完成了旅行。他们用绘画的形式呈现了自己的游戏探索过程，积极邀请其他班级的幼儿进班观看"小球旅行"的项目成果。

小球旅行的活动挑战结束之后，在幼儿园的"STEM体验日"上也向同伴和家长们展现了自己的成果。多种形式的交流分享促进了幼儿主动性、积极性和反思的能力，同时又帮助幼儿梳理和归纳了探索过程，让幼儿在相互学习展示的过程中获得了经验，提升了自信心。

STEM活动案例篇
科学探秘者——科学中的"趣"探索

▲ 项目展板记录

反思与评价

"小球的旅行"项目活动有效融合了各学科知识,并充分满足了幼儿学习、游戏需求。幼儿不仅能够运用观察、推论、验证、比较等科学探究方法,解决实际操作中的问题,从中体验重力、斜坡、平衡、结构、力量与运动等相关科学概念,还能够探索材料组合的方法,与同伴很好地沟通、合作、探究相关科学现象。

在整个过程中,孩子们根据问题多次调整设计方案,聚焦问题的解决,达成了游戏目标,形成了初步的工程思维,获得了成功的体验。

跨学科核心经验梳理:

项目名称		大班"小球的旅行"
科学与工程实践		1. 探索小球滚动的因素,并尝试设计小球运行线路方案; 2. 尝试通过小组讨论、动手实践的方式,实现小球旅行的愿望; 3. 在试误中不断调试改进,感知斜坡与物体运动的关系,让小球滚得更快、更远; 4. 能够结合工程实践的需要,用绘画的形式记录自己的操作过程和想法。
核心概念	科学	1. 用图表统计的方法记录不同场地对球滚动速度和距离的影响; 2. 测量:斜坡高低的比较、小球滚动距离的比较; 3. 在游戏活动中尝试用各种材料为小球搭建轨道,并发现坡度会影响小球滚动的距离; 4. 尝试制作凹槽材料,并发现材料属性对小球滚动距离的影响;

核心概念	工程	1. 绘制、设计小球旅行路线，设计搭建方法； 2. 利用教室空间对游戏路线进行规划； 3. 运用积木特性、搭建技术或方法建构斜坡； 4. 通过小组合作的方式设计、制作机关，解决小球拐弯等问题。
	技术	1. 尝试用不同的材料搭建"斜坡与轨道"； 2. 运用垒高、堆叠、交错堆叠等方法和技术搭建斜坡； 3. 运用互联网、调查表等技术手段查找关于斜坡与轨道的相关信息。
	社会	愿意并主动参与到"小球旅行"的项目活动中去，敢于在集体中分享自己的活动收获，学会主动承担相应的任务。
	语言	1. 能用简单的图示表现自己的制作过程。 2. 愿意在集体中分享自己关于小球运动的经验和体会。
	健康	在设计、搭建、制作的过程中锻炼幼儿精细动作的发展。
	艺术	运用绘画、手工制作表现自己的想法和设计灵感。
跨学科概念		1. 稳定和变化：斜坡改变小球的运动轨迹让其动起来； 2. 系统与系统模型：斜坡结构就是一个系统，改变了坡度就会影响物体下滑的速度。

探秘恐龙世界

汤璐华

适合年龄

4～5岁

项目目标

● 了解恐龙灭绝的原因，明白动物生存与环境的关系，萌发对大自然的敬畏之情。

● 用查阅资料、观察比较、测量、讨论等方式了解恐龙外形、种类、生活习性等方面的知识，针对主题提出有价值的、有意义的问题。

● 尝试运用适宜的材料及工具围绕恐龙相关问题进行探索，并用自己喜欢的方式记录实践结果，体验探究的快乐。

项目网络

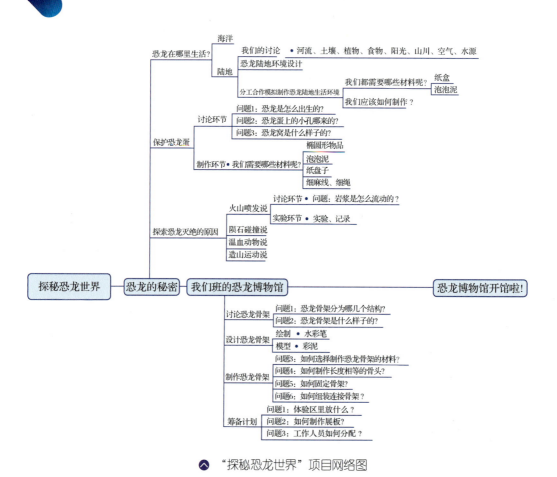

△ "探秘恐龙世界"项目网络图

实施过程

活动缘起

我们发现,孩子们对恐龙非常感兴趣。在户外活动中,孩子们总是假装霸王龙,玩追逐游戏；在区域活动中，孩子们对恐龙的小模型爱不释手；在自主阅读活动中，孩子们总是喜欢翻阅关于恐龙的书籍……于是，我们组织了一次关于恐龙的谈话活动，孩子们你一言，我一语，兴高采烈地分享着。一个有趣的恐龙项目诞生了！

 头脑风暴

"恐龙"这个话题打开了孩子们的话匣子，他们围坐在一起，争先恐后分享自己知道的小知识：

麦麦："我见过恐龙的骨头，像房子一样大。"

轩轩："我喜欢霸王龙，它是吃肉的！还有三角龙，它是吃草的！"

大轩："恐龙有的是在陆地上的，有的是在海里的！"

乐乐："我知道一个秘密，你们知道为什么现在没有恐龙了吗？因为他们灭绝了，都被岩浆烧死了！"

糖糖："恐龙灭绝是因为行星撞地球，都把它们撞死了！"

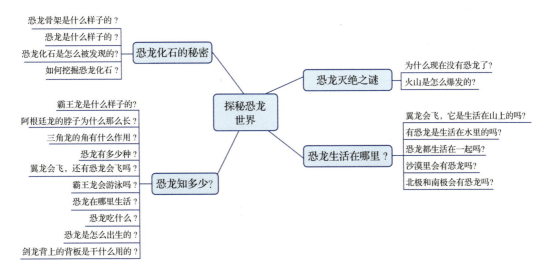

"探秘恐龙世界"头脑风暴网络图

催化情境

1. 实地探访——陕西自然博物馆

"老师,恐龙有多大?恐龙吃什么?恐龙睡觉吗?恐龙的家是什么样的?"孩子们关于恐龙的问题经常让我们不知所措,于是我们和家长们商量,带孩子们去一趟陕西自然博物馆。

经过讨论,我们了解了孩子们想要了解的问题,鼓励孩子自己制订参观计划,用绘画的方式记录自己的问题和需要携带的物品。并请家长委员们提前到博物馆沟通,将幼儿想要了解的问题提供给解说员,以便孩子达到最佳的参观目的。

一切准备就绪,周末我们组织孩子们一起去陕西自然博物馆参观,并且邀请了馆内的专业工作人员为孩子们介绍恐龙的相关科学知识,鼓励孩子们将自己感兴趣的内容用拍照的方式记录下来并交流分享。

△ 幼儿实地探访前填写计划表格

△ 幼儿参观陕西自然博物馆

STEM活动案例篇
科学探秘者——科学中的"趣"探索

▲ 参观陕西自然博物馆，孩子们搜集资料

2.班级主题环境创设

我们用孩子收集来的恐龙图片、图书、模型精心地打造班级主题环境。创建恐龙书店，孩子们可以查阅恐龙小知识；恐龙商店里，孩子们将收集来的模型进行分类出售；恐龙小工厂里，孩子们可以用插片拼装恐龙；恐龙考古区里，孩子可以模拟恐龙挖掘现场……

▲ 主题背景墙内容体现　▲ 模型展示区摆放模型　▲ 模拟挖掘恐龙化石材料　▲ 火山爆发实验材料包

▲ 图书区提供了恐龙相关书籍供幼儿查阅　　▲ 恐龙陆地环境创设玩具

3.材料投放

在材料区，我们为孩子们投放了纸箱、报纸、PVC管、陶泥、树枝、树叶、石头等材料。

4.家长支持

家长了解了孩子的探究内容和需求后，纷纷向班级提供了关于恐龙的各种资源，如书籍、模型、玩具、各种实验工具和实验材料，还为孩子们找来关于恐龙的影片。通过观看，孩子们了解了恐龙是如何变成化石，并且如何被科学家们发现、挖掘的，激发了孩子们持续探索恐龙的兴趣和热情。

幼儿阅读家长提供的书籍

幼儿与同伴、教师分享家长提供的恐龙视频

工程计划

根据孩子们感兴趣的恐龙问题，如生存环境、恐龙宝宝、恐龙的灭绝、恐龙骨架等，和孩子们想创建一个班级恐龙博物馆的愿望，师幼共同制定出恐龙项目的实施方案：

恐龙的秘密（探索、了解恐龙相关的知识）—制作恐龙博物馆展品（设计、制作恐龙骨架）—恐龙博物馆开馆啦！（展示、分享）

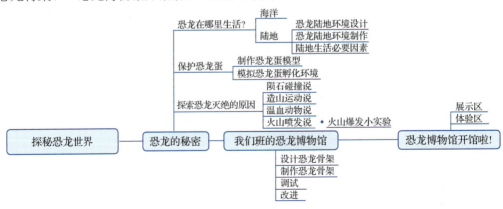
"探秘恐龙世界"工程计划网络图

STEM活动案例篇
科学探秘者——科学中的"趣"探索

实践探索

确定了工程方案,孩子们围绕自己感兴趣的、想要探究的问题展开了实践活动。

1.模拟陆地恐龙的生活环境

问题1:陆地恐龙生存环境是什么样子的?

▲ 幼儿绘制陆地恐龙生活环境

孩子们查阅了许多图书资料,初步了解了恐龙的生存环境,为要搭建的恐龙方案绘制了设计图,并展开了激烈的讨论:

琪琪:"这是我设计的陆地恐龙生存环境图,上面有小草、大树、蓝天、小溪、阳光、空气。"

应锦轩:"吃植物的恐龙有吃的,那食肉的恐龙呢?我们是不是得加一点儿小动物或者是吃植物的恐龙?"

妞妞:"难道这里没有山吗?"

佳佳:"为什么必须要有山呢?"

妞妞:"恐龙是火山爆发灭绝的,难道没有山吗?再说了如果有大山,小恐龙就可以躲起来不被霸王龙吃掉了!"

堆堆:"对,那个博物馆的叔叔讲过,住在森林里的恐龙,强大的住在森林中间,吃植物的恐龙和弱小的恐龙就在森林的边边住着,这样他们才能安全一点。"

问题2:我们都需要哪些材料呢?

孩子们确定了设计图后,开始制作恐龙陆地生存环境沙盘,他们在美工区寻找材料。

— 169

麦麦："我们可以用剪刀剪出小树、小草，可以用彩纸贴出来。"

腾腾："可是立不起来，都在盒子里倒着。而且我们要用的颜色非常多，棕色做土地，蓝色做小溪，灰色做山，绿色做大树和小草。"

阿宝："咱们可以用泡泡泥！颜色多，而且还可以捏各种各样的形状，干了以后可以用很久。"

幼儿分工合作模拟恐龙陆地生活环境成果

幼儿通过讨论，总结出恐龙在陆地生存所需要的条件：食物、空气、水、土壤、阳光、高山等。在制作的过程中，孩子们一起商量规划沙盘中小溪、森林、群山的位置，最终制作出一个恐龙陆地生活游戏沙盘。孩子们可以在游戏沙盘中进行恐龙相关的游戏，每一天孩子们都会在沙盘中演绎、讲述不同的恐龙故事，为后期孩子们创编童话剧提供了生动的剧本。

教师思考：幼儿在模拟、制作恐龙陆地生存环境沙盘的过程中，共同讨论了陆地恐龙生活环境必备的几个要素，初步了解了生物生存的生态环境和自然界食物链的关系。

2. 保护恐龙蛋

在了解了恐龙的繁殖特点后,孩子们知道了恐龙是卵生的,对恐龙蛋有着浓厚的兴趣。于是,孩子们探秘恐龙蛋,并寻找材料,模拟、制作恐龙蛋。

问题1:恐龙是怎么出生的?

豆豆:"恐龙和小鸡一样,是从蛋里孵出来的!"

腾腾:"自然博物馆的叔叔介绍过,现在还有恐龙蛋的化石呢!"

乐乐:"这本书上说恐龙是卵生的,我还拍了很多恐龙蛋的图片。"

▲ 幼儿查阅书籍寻找恐龙蛋相关知识

问题2:恐龙蛋上的小孔哪儿来的?

幼儿围绕恐龙蛋展开了观察讨论:

妞妞:"这张图片上面的蛋壳上有小孔,这些小孔是做什么的呢?"

泽泽:"肯定是恐龙妈妈生恐龙蛋的时候,地上有小石头硌的小点点!"

乐乐:"如果恐龙蛋这么软,碰到小石头就有孔,那生下来不就很容易碎掉了?"

豆豆:"书上说,小孔是蛋里的小恐龙用来呼吸的!"

孩子们用泡泡泥团成椭圆形,再用牙签轻轻地扎出小孔,恐龙蛋制作完成。

问题3:恐龙窝是什么样子的?

可是恐龙蛋要放在哪里呢?孩子们开始了讨论:

妞妞:"恐龙蛋要放在哪里呢?我们做好就直接放到展示柜上吗?"

▲ 幼儿在恐龙蛋模型上扎孔

铎铎:"恐龙是有窝的,就像小鸟窝一样。恐龙蛋的窝里面有很多草。"

皮皮:"这些草就是用来保温的,要不然小恐龙会冻死的。"

周明铠:"这会儿我们到哪里去找那么多的草啊!"

正当孩子们一筹莫展的时候,铎铎走到美工区,发现了很多细细的麻绳:"你们看看,这个能当恐龙窝里的草吗?"

大家纷纷表示赞同,为恐龙蛋制作一个安全又温暖的窝。

孩子们翻看恐龙相关书籍得知,恐龙蛋上都会有大大小小的孔,这些孔会根据气温的高低、湿度的高低变大或变小,是小恐龙在孵化过程中透气呼吸用的。

▲ 恐龙蛋模型制作完成

教师思考:幼儿通过查阅资料的方法,知道了恐龙是卵生的。在模拟、制作恐龙蛋过程中,能够观察到蛋壳面的小孔,并且主动提出"为什么蛋壳表面有小孔这一问题",寻找相关材料,了解、探索恐龙蛋的相关秘密。

3. 探索恐龙灭绝原因

问题1:恐龙是怎么灭绝的?

孩子们非常好奇恐龙是怎么灭绝的?教师和孩子们一起收集资料,寻找恐龙灭绝的原因,了解到恐龙灭绝原因有以下几种说法:陨石碰撞说、彗星碰撞说、火山喷发说、造山运动说、温血动物说。

问题2:岩浆是怎么流动的?

在恐龙灭绝的几种可能性中,孩子们对火山爆发最感兴趣。于是教师提供了火山模型、制作火山爆发的实验材料、火山结构图片、火山爆发图片及视频。

教师演示火山爆发的实验过程，幼儿了解了实验操作的步骤，同时也用绘画的形式记录了火山爆发的场景。教师将实验材料投放到主题区域中去，孩子们开始了自主探索。

夏溪："上次火山爆发实验，我看到岩浆是从火山底下出来的。"

阿宝："我看过视频，火山口那里就会爆炸，岩浆就流出来了！"

▲ 火山爆发实验

李嘉懿："就是呀，岩浆流得太快了，把恐龙烧死了！太可怕了！"

孩子们开始第一次的尝试，按照步骤进行试验，但是结果差强人意。

希希："为什么我们的岩浆喷得那么慢呢？"

乐乐："快看我的熔岩流得超快！"

小朋友们都非常兴奋，围在乐乐身边，观察实验结果。

教师："你是怎么做到的呢？"

乐乐："我试着用白醋很快地对准白色的粉末，就像这样，歪一点儿。尽量往最低处，快快地使劲呲，一下子'岩浆'就涌出来了。原来岩浆的速度那么快，怪不得恐龙都灭绝了。"

▲ 幼儿观察绘制

▲ 幼儿自主实验

通过火山爆发的小实验，孩子们基本了解了火山爆发的原理，观察实验现象了解到岩浆的速度很快，猜测火山爆发是恐龙灭绝的主要原因之一。

教师思考：幼儿在操作火山爆发实验的过程中，认识了白醋和小苏打两种材料，并且知道两种材料混合会产生大量泡沫。在实践过程中，幼儿反复操作、观察，通过同伴间合作学习，成功完成了火山爆发小实验。

4.我们班的恐龙博物馆

恐龙博物馆积极筹建的过程中，孩子们总是兴高采烈地向其他班的小朋友分享恐龙的小知识，还希望邀请其他班级的小朋友一起来参观。有小朋友提议：我们建一个恐龙博物馆吧，但是一定要有恐龙骨架，像自然博物馆里的一样。于是孩子们决定，在班级里制作一个恐龙骨架，展示在我们的博物馆里。

问题1：恐龙的骨架分为哪几个结构？

孩子们通过观察模型、讨论、翻阅搜集来的资料了解到，恐龙骨架基本分为头骨、脊椎骨、四肢骨。于是他们开始尝试恐龙骨架的绘制。

▲ 图片资料和模型

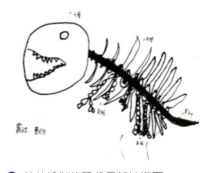

▲ 幼儿绘制的恐龙骨架结构图

问题2：恐龙骨架是什么样子的？

孩子们开始尝试用泡泡泥制作恐龙骨架。

豆豆："恐龙化石的骨架上面是一节一节的。"

笑笑："是中间那根，又粗又长的骨头叫脊柱！"

希希："图片上恐龙这两边的骨头很整齐，就像在排队一样！"

STEM活动案例篇
科学探秘者——科学中的"趣"探索

▲ 幼儿用泡泡泥制作恐龙骨架

教师提供了立体的恐龙骨架的模型、图片，供孩子们观察。孩子们再次绘制了恐龙骨架平面图。

▲ 幼儿用油画棒绘制恐龙骨架图

希希："上次我们绘制的骨架真的太乱了，一点也不整齐。我要来数一数，它两边的骨头是不是一样多。从这里开始，到这里结束。这边和这边都有骨头，两个是对着的。"

帅帅："你看长的这两根，这两根是对着的，这两根看起来一样长，最短的一对也是一样长。"

教师反思：在幼儿绘制恐龙骨架的过程中，孩子们拿着实物图片仔细地观察，比对骨头的形状、粗细，以及这些骨头分布在恐龙身体的哪个部位，等等。孩子们通过比较、观察发现，恐龙骨架脊椎骨两边的肋骨和四肢骨在大小、形状、排列上有一一对应的关系。

—175

随着探索的不断深入，孩子们的兴趣也越来越浓厚。他们不满足于平面的恐龙骨架，决定制作一个霸王龙的骨架模型。

问题3：如何选择制作恐龙骨架的材料？

在选择材料上，孩子们也进行了激烈的讨论。很快孩子们找到了软铁丝、纸卷筒、纸盒子、毛根、奶粉桶、大量的报纸等若干低结构材料。

果果："我觉得用铁丝最好了，细一点儿的铁丝，我们可以弯来弯去，很容易就折好了！"

乐乐："铁丝很容易扎到手，受伤了可就不好了。"

帅帅："我们全班要做个大的骨架，那得用多少铁丝才可以呀！"

贝贝："我们先看看班里面都有什么材料吧！"

琪琪："上次美术老师教我用报纸拧成纸棒，一根一根的，我觉得这个报纸也可以做。"

帅帅："刚好我们班有很多报纸，应该够用了。"

于是孩子们选择报纸作为制作恐龙骨架的材料。

问题4：如何制作长度相等的骨头？

▲ 孩子们自由分组，剪裁报纸，制作恐龙的骨头

阿宝："短的和短的一样，长的和长的一样。"

乐乐："离头近的骨头短一点，然后越往后越长。"

佳佳："肚子后面的骨头也变短了。"

麦麦："怎么样才能有两根一样长的骨头呢？"

皮皮："我们可以比一比。"

尝试1：

乐乐找来了一根绳子，在同伴的帮助下，他将卷好的纸卷裁成和绳子一样的长度，就得到了两根一样长的"骨头"。

尝试2：

豆豆找来了吸管，他将卷好的纸卷修剪成和吸管相同的长度，就得到了两根一样长的"骨头"。

尝试3：

轩轩将同伴们卷好的纸卷底边对齐，两根纸卷进行比较，选择长度刚好合适的纸卷，按照这个纸卷的长度修剪另一根纸卷，使两根纸卷一样长。

问题5：如何固定骨架？

子赫："这个拧不紧！刚弄好感觉就散架了！"

夏溪："可能是你的力气太小了，所以才会总是松开，我来试试！"

夏溪："我觉得我也不太行。"

麦麦："你们可以用宽胶带缠一圈，这样的话就变得很结实了。"

问题6：如何组装连接骨架？

阿宝："已经卷得够多的了，我觉得可以先把恐龙骨架的脊柱做出来，再往上面粘两边的骨头就行。"

贝贝："可是这么多的纸卷，我们怎么把它合在一起呢？"

▲ 自然测量——用绳子

▲ 自然测量——用吸管

▲ 比较测量

▲ 子赫和夏溪一起合作进行纸卷的加固工作

皮皮："用绳子绑住，可是我不会打结。"

麦麦："我们可以试试用宽胶带来缠住！"

孩子们完成了脊柱的制作，下一步就是要将脊柱两边的骨头按照对称的方式进行固定、安装。幼儿选择同等长度的"肋骨"，用宽胶带固定两边骨头。

▲ 用胶带固定纸棒制作恐龙脊柱

教师反思：在这个环节中，孩子们通过查阅书籍、实地探访博物馆了解了恐龙骨骼的排列和形态，知道了恐龙骨骼的基本结构。幼儿在观察讨论、绘制的过程中，能够发现恐龙骨骼的对称性。在制作恐龙骨架过程中，采取了测量、对比等方法，解决了骨头长度相等的问题。最终孩

▲ 固定肋骨

子们只制作出了恐龙骨架的中间部位。虽然没有按照预期将恐龙骨架完整呈现出来，但孩子们的热情有增不减，兴致高涨，继续投入到博物馆的筹备工作中去。

5. 恐龙博物馆备展中

班里的恐龙展终于要进入备展阶段，孩子们都非常兴奋。大家共同讨论后，和教师一起合作制作完成了恐龙展板。同时班级里五名小朋友自愿报名了小小讲解员，他们负责讲解展览区域，指导其他参加体验的小朋友进行项目体验活动。为了这次展览，家长还为班级提供了一件恐龙服饰，供孩子们使用。

夏溪："我想当展馆里的引导员，可以引导进来参观的小朋友去不同的区域。"

琪琪："我想当展板介绍员，给小朋友介绍关于恐龙的很多知识。"

佳佳："我也想当介绍员，一共有两块展板，我们两个可以一人一块！"

李明轩："我特别喜欢这个恐龙衣服！可是这个可以怎么做呢？"

应锦轩："你可以穿着它站在门口，让好多小朋友来看我们的恐龙展。"

STEM活动案例篇
科学探秘者——科学中的"趣"探索

△ 教师和幼儿共同制作展板

展示交流

恐龙博物馆开馆啦！开放当天，有很多小朋友来参观体验。

有小朋友进入班级的恐龙博物馆，大轩连忙开心地上去迎接："你们好呀，欢迎来到恐龙博物馆，里面有各种各样的恐龙书籍和模型，还有挖掘恐龙骨架和火山爆发实验，你们想来体验一下吗？"琪琪也加入了介绍的行列："你们知道为什么现在没有恐龙了吗？因为它们灭绝了，恐龙灭绝的原因有很多……"另一边的体验区也是非常"火爆"，很多小朋友都来体验挖掘恐龙化石和火山爆发实验，小工作人员们认真负责，忙前忙后为大家介绍恐龙的相关知识和实验的流程，博物馆展示活动开展得非常顺利。

△ 活动当天幼儿介绍、体验

反思与评价

回顾这次项目活动，感触最深的就是，因这次的活动主题是孩子们非常感兴趣的话题——恐龙，在活动过程中，教师追随幼儿的脚步围绕恐龙进行各种探索活动，孩子在项目中的表现令教师十分欣喜。

恐龙世界对于幼儿来说是遥远且神秘的，在活动中能感受到幼儿浓厚的探究兴趣和探究愿望。幼儿能够通过翻看科普书籍、在成人帮助下查看多媒体资料、探访自然博物馆等方式来多方面了解关于恐龙的相关科学知识。

在工程实践环节，幼儿能够寻求同伴帮助，查找各种相关资料，了解陆地恐龙的生存环境，通过小组分工合作完成了模型的制作；在恐龙蛋的制作环节，幼儿能够观察到蛋壳表面的小孔，主动通过查阅资料的方法，知道了恐龙蛋壳的秘密；幼儿在操作火山爆发实验的过程中，通过理解火山爆发的现象，猜测火山爆发是恐龙灭绝的主要原因之一；在幼儿绘制和制作恐龙骨架模型过程中，幼儿选择用报纸来制作恐龙骨架，不断地对比实物图片仔细观察，比对骨头的形状、粗细以及骨头分布的位置等。孩子们在探究活动中通过观察、访问、调查、查阅资料、同伴间相互学习等方法解决了遇到的各种问题。在此过程中，幼儿的动手能力、合作能力也得到了充分的锻炼。

成果展示环节，孩子们兴高采烈地向他人介绍关于恐龙的小知识，带领体验区的小朋友做各种小实验，一个个洋溢着自信的笑容。

跨学科核心经验梳理：

项目名称	中班"探秘恐龙世界"
科学与工程实践	1. 能围绕恐龙开展讨论，并针对主题提出有价值的、有意义的问题，制订简单计划，进行深入探究； 2. 喜欢参与动手实践，迁移已知恐龙相关经验，建立与正在研究内容间的联系（在前期经验基础上，进行恐龙骨架搭建）； 3. 能够结合工程实践的环节，通过绘画的方式记录自己的操作过程和想法； 4. 能用展板制作、讲解、布置班级恐龙博物馆等多种方式展示探究过程，获得成就感。

核心概念	科学	1. 初步理解地球环境对于人和动物、植物生存的重要性，探索制作陆地恐龙生活环境沙盘，知道生态平衡对动植物的意义； 2. 初步感知和理解恐龙的外形特征、习性与生存环境是相互适应的（如霸王龙食肉，牙齿是锋利的）； 3. 了解恐龙灭绝的几大原因，并通过实验验证； 4. 能感知物体的形体结构特征，画出或拼搭出恐龙造型； 5. 用自然测量、比较测量的方法进行恐龙骨头的测量； 6. 发现恐龙骨骼的对称性，尝试将对称性体现在恐龙骨架模型中。
	工程	1. 能逐步针对一个或多个问题进行深入探究； 2. 根据相关经验，筛选解决方法，选择最优的解决方案（如恐龙骨架材料的选择）。
	技术	1. 能够正确地使用材料和工具； 2. 利用多媒体工具对恐龙项目进行相关资料搜集和记录。
	社会	1. 活动中主动承担任务，愿意向同伴学习； 2. 能主动发起活动或在活动中出主意，想办法； 3. 活动时能与同伴分工合作，与同伴发生冲突时能自己协商解决。
	语言	1. 愿意与他人讨论问题，能有序、连贯、清楚地讲述恐龙的相关内容； 2. 愿意选择自己喜欢的表达方式记录探究结果，锻炼绘画表征能力； 3. 主动讲述，并且大胆与他人分享恐龙相关的所见所闻。
	健康	1. 知道恐龙骨骼的基本结构及作用； 2. 在活动中能够保持探究兴趣，情绪愉快，乐于参与恐龙探究活动。
	艺术	1. 能大胆塑造和制作多种平面和立体的恐龙相关作品； 2. 能用自己制作的美术作品布置环境，在班级布展，创设恐龙博物馆。
跨学科概念		1. 尺度、比例和数量关系：在恐龙骨架制作中能尝试运用测量、比较、数量等方法，解决如何得到两根长度相等骨骼的问题； 2. 尝试根据属性对物体进行分类，并有规律地排序； 3. 因果关系：火山爆发，导致恐龙灭绝。

我为小鸟造房子

王 聪

适合年龄

4～5岁

项目目标

- 探索鸟类生活环境的条件、基本的生活习性，萌发关爱动物的情感。
- 了解鸟巢的结构、特点及功能，收集泥巴、稻草、报纸等材料分组进行鸟巢的设计与制作；
- 了解喂鸟器的结构及其相应功能，根据设计图选择合适的制作材料进行实践；
- 运用滑轮运动的原理，使用梯子、麻绳等工具解决悬挂喂鸟器这一问题。

STEM活动案例篇
科学探秘者——科学中的"趣"探索

项目网络

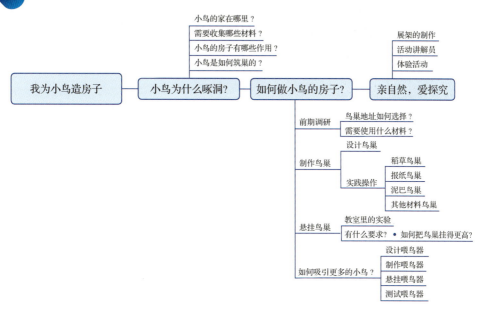

△ "我为小鸟造房子"项目网络图

实施过程

活动缘起

一次户外游戏中，幼儿观察到小鸟正在墙上啄洞，小鸟为什么会啄墙呢？那个小鸟是啄木鸟吧！那个小鸟在做家。孩子们的讨论引发了热议，为什么会发生这样的事情呢？孩子们对小鸟的行为产生了疑问。教师适时抓住孩子的兴趣点，借助园所丰富的自然资源，进行了"我为小鸟造房子"的活动。

头脑风暴

教师收集了各类小鸟筑巢的视频，通过集体讨论的方式调动更多小朋友的参与，

— 183 —

鼓励大家讲述自己的发现，分享自己的经验。

老师："你见过鸟巢吗？是用什么材料制作的？"

臭臭："是用树枝制作的。"

嘟嘟："鸟巢在树上。"

臭臭："对，小鸟的家在树上。"

火锅："用树叶做的家。"

恩恩："小鸟的家就是来喂养宝宝的。"

我们一起观看了不同小鸟的筑巢方式，了解到更多筑巢的方法。我们进行了初步的设想，展开自己的设计制作。

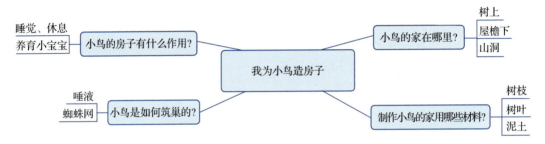

▲ "我为小鸟造房子"头脑风暴网络图

催化情境

1. 丰富的班级环境

围绕鸟巢项目活动主题，并根据项目活动的进程，我们创设了促进幼儿深度学习的环境。通过材料投放、过程展示记录、家园互动墙等方式调动幼儿与家长参与的积极性。

设立工具区和材料超市，投放大量自然材料，如树枝、木片、松针等，收集低结构材料，如纸张、冰糕棒、纸杯、酸奶盒等，投放相关鸟类书籍、照片、筑巢照片等。将枯树移植室内，营造氛围以便后期开展模拟游戏，帮助幼儿积累经验。

STEM活动案例篇
科学探秘者——科学中的"趣"探索

▲ 相关自然科学类书籍

▲ 鸟巢的模型

▲ 收集的相关材料

家园互动栏是我们班级活动开展沟通的一个重要窗口,在"我为小鸟造房子"的活动中,我们开辟项目板块,定期公示、更新项目进展,及时通过照片、幼儿作品等展示孩子的学习内容。

2.幼儿项目调查表

家长给我们提供了丰富的材料支持和专业的技术支持。我们根据项目活动的缘起发布问卷,了解每一个小朋友的想法,收集相关材料。同时调动家长的智慧,为后期活动开展提供相关的意见和建议,增强家园互动。

该项目调查表从幼儿和家长两个维度进行设计,请家长记录幼儿的设计思路,一起分析该项目的学科经验。

(1)我想设计的鸟巢是这样的……

(2)需要准备的材料有……

— 185 —

3.预测活动中可能遇到的技术难题（家长）

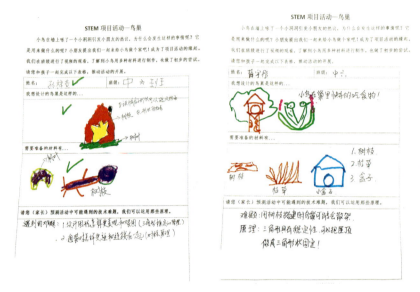

▲ 幼儿前期调查问卷

项目活动开展中期，围绕当前孩子遇到的问题，教师和孩子一同协商并发布问卷，鼓励家长和孩子一起解决项目中的困难。例如在户外悬挂鸟巢时，我们设计以下两个问题：我们会遇到哪些困难？我们的解决方法是什么？项目中期的调查问卷在一定程度上帮助我们明晰了工程实践的主要问题和实践方向。

 工程计划

真实情景的问题催化幼儿的探究欲望，幼儿针对问题展开讨论，同时教师对问题进行筛选和预判，选择具有研究价值并适宜开展的活动进行探究。

主要解决的问题：

（1）如何制作鸟巢？使用什么材料？

（2）鸟巢地址如何选择？

（3）户外悬挂时有哪些要求和注意事项？

整个活动流程：明确问题和任务—讨论问题—调查收集—寻找解决方法—制作鸟巢—悬挂鸟巢—展示总结。

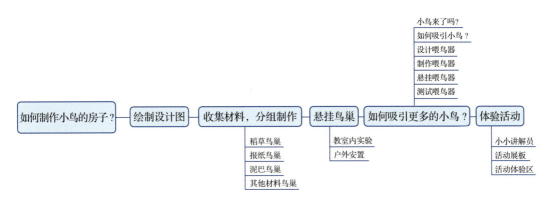

▲ "我为小鸟造房子"工程计划网络图

实践探索

围绕给小鸟做一个家的目标，通过问卷调查、集体活动等方式了解了小鸟的生活环境和要求，并征求孩子的想法和意见，根据不同建构材料主要分为三组进行尝试：泥巴鸟巢组、稻草鸟巢组、报纸鸟巢组。制作好后在班级进行悬挂，并将其经验迁移到户外真实环境中。这一阶段活动过程包括绘制设计图、分组制作鸟巢、室内悬挂、户外游戏体验、吸引更多小鸟等五大环节。

阶段一：绘制设计图

孩子们通过稚嫩的笔触描绘着自己的思考，教师创设表达环境，鼓励幼儿讲述着自己的想法。

萱萱："这个是树枝做的鸟巢，鸟蛋在里面睡觉，我给它盖上了一层被子。"

瑞鑫："这个是我用树枝、木棒设计的鸟巢，我做了好几个呢！"孩子们你一言，我一语，讲述着自己的设计和想法。

▲ 幼儿画的设计图

教师思考：幼儿通过设计图展示自己的想法。大多数幼儿选择用树枝制作鸟巢，并对鸟巢的形状有了初步的感知；还有部分幼儿选择用泥巴、报纸制作，后期教师围绕孩子们的设计图提供一定的材料支持，满足探究需要。

阶段二：收集材料，分组制作

1.稻草鸟巢

梓鑫组选择稻草和树枝作为主要材料。在制作过程中发现树枝太硬没有办法进行编制，只能平铺，但是简单的平铺就会有很多树枝在鸟巢抬起后掉落。孩子们发现相互交错着搭建鸟巢会减少掉落数量。小谈小声嘟囔道："小鸟会来吗？""我们可以让鸟巢软软的呀！"梓鑫小心翼翼地将柳枝做的鸟巢中间拨开一个洞，并加入稻草，增加舒适性。"可是树枝还是会掉落呀！"嘟嘟疑惑地说道，"我们可以用胶枪加固！"梓鑫说道。其他成员随即应和道："对！就用胶枪！"

◀ 幼儿收集柳条作为搭建材料

◀ 树枝交错的鸟巢

◀ 幼儿加入稻草增加舒适度

◀ 幼儿使用胶枪加固

STEM活动案例篇
科学探秘者——科学中的"趣"探索

教师思考：小鸟在建巢时，远看其鸟巢杂乱无章，其实所用材料相互影响，相互支撑。鸟巢结构巧妙，其中蕴含着一定的建筑仿生学原理、三角形的稳定性原理。幼儿在收集材料、自主设计、尝试搭建的过程中思考如何让鸟巢更加稳固，并积极寻找解决方案。

2. 泥巴鸟巢

招募小组成员后，大家便共同商量如何绘制设计图，以及需要准备什么材料。最后确定需要的材料有泥巴、稻草，还有木头。小组成员进行分工，糖糖、兆兆、小梁收集泥土，小雷和臭臭收集水，其他小朋友收集稻草和木棒等。

▲ 泥巴鸟巢设计图

雷雷："这个泥巴里面有石头。"

辰辰："我们把它们挑出来，不需要他们。"

臭臭应和道："我们只需要水和土就够了！"

火锅将铲子提起来，发现上面的泥巴水顺着铲子就落下，说道："水太多了，太稀了！"

糖糖立刻拿着铲子，说道："再去弄点土吧！"

孩子们在一次一次不断加水、加土的过程中调制出具有黏性的泥巴。孩子们拿出制作好的泥巴，在手里反复团、搓，可是泥巴还是太黏了，粘得手上到处都是。

辰辰："我们可以给地上撒一些干土，然后在地上滚圆。"

兆兆："我们再加入一些稻草。"

孩子们再次团圆，随着水分的流逝和干土、稻草的加入，泥巴在孩子们手里变得"听话"起来。孩子们揉得更起劲了，一个圆圆的鸟巢出现在他们手中。

"小鸟怎么进去？"小梁的疑惑引发了新问题。

臭臭回答道："鸟巢就不是圆的，上面应该有个洞洞，这样鸟才可以住进去。"

随即大家对鸟巢进行了调整，先拿树枝挖开一个洞，然后用手指不断扩大洞口，直至调整到满意的大小。

"鸟巢做得有的大，有的小，小鸟会来吗？"小梁发出疑惑。

"让小鸟来选择吧，看看它喜欢哪一个？"臭臭说道。

▲ 小组和泥巴

▲ 制作好的泥巴鸟巢

　　教师思考：孩子们积极准备材料，在一次次尝试中感知泥和水之间的比例，感受团、搓、捏、压等手法，根据泥巴的特征塑造出鸟巢的基本结构。孩子们了解到鸟巢的用材也很巧妙，燕子用泥，麻雀用干草，寿带鸟用树皮和草外面缠绕蛛丝做巢。幼儿将制作好的鸟巢进行游戏实验，验证成果成为下一步活动的方向。

3.报纸鸟巢

　　在项目开展阶段，教师根据鸟巢的建筑特点思考如何帮助幼儿更好地做出球状鸟巢。教师将气球、白乳胶、一定大小的纸片投放到材料超市中，引导幼儿探究材料间的关系，并进行大胆制作。

　　萱萱："我们先把气球吹起来，变成一个圆形。"

　　小梁："我来打气，你把气球捏住。"

　　孩子们专注地看着气球一点点变大，随着一声"噗——"他们哈哈大笑，并大喊"气球放屁了！"他们决定再来一次，专心致志地盯着打气的小朋友，生怕因为过大而爆掉或者没有拿紧气球而跑掉，这次他们成功了。随后孩子们将白乳胶涂在气球上，把报纸放在气球上，反复用吸管等工具涂抹平整。

　　嘟嘟："要多涂几层，看不到气球的颜色就好了。"

　　孩子们给气球上绑了一个毛根，将做好的报纸鸟巢悬挂在展板上进行晾晒。

STEM活动案例篇
科学探秘者——科学中的"趣"探索

▲ 幼儿进行涂胶

▲ 幼儿进行缝隙的填补完善

为了看起来更美观，孩子们还用水彩笔将自己制作的鸟巢进行标记，最后进行统一晾晒。孩子们发现气球会慢慢瘪掉，最终脱落，形成半圆形的鸟巢。

教师思考：借助球体，我们制作了拱形结构的鸟巢。在这个过程中孩子们逐步感受到可以借助一些材料、工具达成我们的目的。在晾晒过程中，也观察到白乳胶和气球会发生一些变化，加速气球瘪掉这一现象。同时幼儿也了解了一些黏合剂在生活中的用途的知识。

制作鸟巢不仅仅限于这三种材料，吸引小鸟还有很多方法，制作鸟巢还有更多选择。我们通过亲子小制作的活动，让幼儿在家庭活动中选择更多的材料，如纸箱、泡沫盒、柳条等，通过钻洞、黏合、编制等方法进行艺术创作，激发幼儿创造力。

阶段三：室内悬挂实验

做好的鸟巢放置在哪里呢？孩子们发现教室里有一棵枯树，纷纷表示可以在教室里先试一试。

▲ 讨论选择合适的位置

▲ 模拟放置鸟蛋

鸟巢的位置如何选定？都有哪些要求呢？围绕这些问题，孩子们表达了自己的想法。

臭臭："要有阳光，很暖和。"

嘟嘟肯定并说道："还要有树枝、树叶，可以遮风挡雨。"

妍奚补充道："还要很高，不能让小朋友碰到。"

梓鑫点了点头并说道："要稳稳地落在高高的树杈上。"

经过讨论，孩子们选择了一个较合适的地方放置鸟巢。火锅还找来材料区里的一个塑料鸡蛋模拟鸟蛋，他小心翼翼地将它放在鸟巢中，屏住呼吸生怕鸟蛋掉落。旁边的恩恩目不转睛地看着火锅。

教师思考：我们在班级开展模拟挂鸟巢活动，感受三角形稳定性的原理，积累悬挂经验。体验活动亲近自然，亲近幼儿，让更多幼儿参与其中。孩子们看到自己制作的小鸟的房子挂在上面时欢呼雀跃，并且迫不及待地想去户外进行实验。面对更加复杂多样的环境，我们思考先从小鸟喜欢的环境出发，和孩子共同商议并选择一个适宜的悬挂位置。

阶段四：户外安置鸟巢

孩子们首先在幼儿园里进行了一番考察，孩子们讲述自己观察发现的一些现象，进而筛选场地。

"我们要找树多的地方。"乐乐说道。

"围栏处的柳枝很多，但是太高了，我们够不到。"梓鑫说道。

"我觉得我们应该听小鸟的意见，看看它喜欢哪里。"阳阳大声说道。

"对了，沙池旁的小树林就很好，有树，还有水，而且我们够得到。"臭臭说道。

在孩子们的争辩声中，我们逐渐找到小鸟的家的最好安置地——沙池边的小树林，那里安静，有水，有茂密的树叶，高度合适。

如何将鸟巢挂在户外树上？我们给家长发了一封信件，让孩子和家长一起思考，我们都会遇到什么困难，尝试解决的方法有什么，需要准备哪些材料。这些问题来自孩子们的思考，也帮助教师在活动中有一定的预判和准备，能够及时给予幼儿支持与帮助。

▲ 幼儿针对户外悬挂的调查报告

孩子们三五成群在园内寻找可以攀爬的梯子，将梯子搬运至树下。通过攀爬进行悬挂和安置。梓鑫吆喝着："我一会儿上去，依依你扶着。""你够不到，我们需要一个个子高的。"小梁说道。于是他们站在一起比了比，确定由火锅负责放置。

臭臭小组试了很多地方，说道："我们要找一个合适的地方，有树叶可以遮蔽太阳，遮雨。还要高高的，要不然小朋友、小虫子都会伤害他。"大家纷纷赞同，"对，就听臭臭的。"最终选择了一个大家都认可的地方进行放置。

▲ 幼儿寻找工具　　　　　▲ 幼儿初步登高悬挂　　　　▲ 幼儿尝试悬挂得更高

教师思考：活动中幼儿根据需求选择梯子作为主要工具，爬高放置鸟巢。调动之前在班级使用梯子的经验，户外游戏中对梯子的运用更加自如。小组团队合作，每个人都能找到自己的价值，增强自我认同感。活动后我们还进行了绘画活动，回顾活动内容以及自己参与活动时的心情。

▲ 幼儿具备前期登高的经验

▲ 幼儿在日记中记录自己的心情

阶段五：吸引更多的小鸟

1.小鸟来我们的鸟巢了吗？

我们将制作好的鸟巢投放至小树林，孩子们还带来望远镜等工具定期进行观察。大家都很期待小鸟的到来，可是每一次去的时候孩子们都没有看到小鸟。直到有一个声音出现："小鸟喜欢我们给它做的家吗？"孩子们产生了质疑……

嘟嘟："它喜欢，只不过我们人太多了。"

臭臭："我们不可能一直在这里等它，我们有可能刚一走，它就来了。"

火锅："这个鸟巢位置太低，小鸟飞得高。"

依依："我们可以给里面放置一些食物，让它来吃。"

梓鑫："我们制作一个喂鸟器吧！"

孩子们纷纷围绕如何吸引小鸟展开了讨论，提出制作一个喂鸟器，于是展开了新的探索和实践。

▲ 关于如何吸引小鸟的调查问卷

STEM活动案例篇
科学探秘者——科学中的"趣"探索

2.如何吸引更多的小鸟？

（1）设计喂鸟器。

我们需要准备小鸟喜欢的食物，收集存放食物的材料、过程中有可能会使用到的工具等。孩子们通过绘画展示自己为小鸟设计的喂鸟器，并进行同伴间的交流分享。

▲ 幼儿绘制喂鸟器设计图　　　　▲ 幼儿介绍自己设计的喂鸟器

◀▲ 幼儿画的喂鸟器设计图

（2）制作喂鸟器。

问题1：如何制作食物漏出口？

小鸟从哪个洞洞吃到食物呢？这个洞洞需要多大？小鸟吃食物的时候站在哪里呢？围绕着急需解决的问题，孩子们展开了制作。

依依："我们先在上面戳个洞洞，来穿笔。这个好像有点太大了。我们画多大的呢？"

飞飞："画个和笔一样大的。"

— 195

说着飞飞便将笔立在瓶子上,依依顺利地围绕笔画了一个圈圈。我们怎么把它戳开呢?孩子们借助螺丝刀等工具尝试失败,最终在王老师的帮助下成功将铅笔穿过。

▲ 幼儿标注位置

教师思考:在戳洞洞这一环节,由于塑料瓶过于坚硬并且是曲面,不适宜幼儿进行操作,教师及时提供帮助。我们使用打火机,利用塑料制品不耐高温这一特性,烫了略大于铅笔粗细的洞洞。依依看到塑料随火焰融化这一瞬间,惊呼道:"好神奇!"

问题2:如何将玉米粒装入瓶中?

依依和飞飞开始往喂鸟器中装玉米粒,他们先把瓶口对准玉米粒模拟舀水的动作,成功装了一大半,随后用手一把一把地抓起来往里装。

"哎呀,撒得到处都是。"飞飞嘟囔着。

"我们还可以借助什么工具更加快速、方便地将食物装入瓶子中呢?"旁边的王老师发出疑问。

飞飞想了想,跑向科学区:"我找到了沙漏!这次我们再试一试!"

依依和飞飞最终成功地将玉米粒装满了瓶子。他们感叹道:"沙漏真好用,快速又方便,还不会把玉米粒撒得到处都是。"

▲ 幼儿使用沙漏进行尝试

教师思考:以往活动中我们将某一科学概念以活动形式展开,注重现象的解释。如今孩子们面对真实问题时需要寻找到合适工具来使用,这一过程帮助孩子们更加深入地理解了科学原理在生活中的实际运用,让他们感受到了工具的便利性。

STEM活动案例篇
科学探秘者——科学中的"趣"探索

问题3：如何进行悬挂？

制作好的喂鸟器如何挂到树上呢？旁边小组的阳阳看到后也积极加入，并提出了自己的想法。

"可以给瓶盖上戳一个眼，然后用铁丝做一个钩子。"

说着阳阳便做了起来，她首先在瓶盖上用起子钻了一个洞，然后在材料区选择了一根具有可塑性的软铁丝，穿过瓶盖上的洞，瓶盖里那端握成了一个弯钩。旁边的依依看着阳阳的操作，立刻发出了赞美："阳阳，你可真聪明！"

▲ 喂鸟器制作成功

> 教师思考：项目活动注重团队合作、小组学习。我们在活动中发现孩子们相互分享自己的经验，给予同伴材料、技术支持，针对某一问题会提出自己的想法，并与同伴讨论，在沟通和实践中寻找最优解决方案。听到同伴的赞美后小朋友脸上流露出的骄傲神情，让我们深深感受到同伴的肯定对孩子所带来的鼓舞。

问题4：如何悬挂得更高？

之前已经有了使用梯子进行悬挂的经验，但是孩子们发现小鸟飞的高度远高于我们放置的位置，如何挂得更高呢？孩子们提出了自己的想法。

火锅："我们之前使用的是梯子。"

恩恩："我们可以做一个像塔吊一样的东西。"

阳阳："给树枝上挂一根绳子，然后把喂鸟器挂在上面，拉上去。"

雷雷："对，就像升国旗一样，一拉就上去了。"

于是我们在教室进行了模拟，来检验方法是否可行。孩子们惊喜于这个想法可以悬挂得更高，迫不及待地想要去验证一下。

— 197

▲ 模拟滑轮

教师思考：滑轮作为一种简单机械，在我们生活中有很多体现，如升旗杆、塔吊等，用来提升重力并能省力。孩子们观察到这一个现象后形成了经验的迁移并实际运用，这一个过程正体现了孩子对知识的理解与运用，他们在其中也体会到了技术带来的便利。

（3）测试喂鸟器。

结合之前的经验，孩子们选择了树枝茂密可躲避风雨的一棵高大的银杏树，随后派班级较高的小朋友登上梯子，将绳子抛掷到较高的树枝上，一边放绳子，另一边自然下落。梓鑫将绳子打结，并将喂食器的挂钩与之相连接，最后拉动绳子，帮助喂鸟器上升，将绳子的另一端缠绕在树上，方便后期增添食物。孩子们欢呼着喊道："这下小鸟肯定喜欢！""它一定会来的。"孩子们用望远镜进行了一周左右的观察，发现地上有些许玉米粒散落，孩子们推断这是小鸟来过的痕迹。

▲ 户外悬挂体验

STEM活动案例篇
科学探秘者——科学中的"趣"探索

教师思考：如何吸引更多的小鸟来？这是伴随着活动开展自然生发的新问题，也是孩子们对问题的深入且持久的探究。在这个过程中，教师需要及时捕捉到孩子的问题，并能够给予支持，如提供相关的喂鸟器的照片，投放可塑铁丝、塑料瓶等隐性制作材料，帮助幼儿开展探究。

展示交流

分享表达是项目活动的重要环节，幼儿对活动进行回忆，对内容进行梳理，逐步形成工程思维意识。项目活动后期我们通过布置展览、讲解、设置体验活动等，鼓励幼儿自主表达项目活动的过程，讲述自己对问题的解决方法。我们设置了鸟巢体验活动区，鼓励更多小朋友参与到建构鸟巢的活动中，尝试多种材料进行游戏。这一阶段幼儿从参与者转化为讲述者、指导者，他们用自己的语言描述活动的关键环节。他们了解活动的内容和进程，在其他小朋友参观时能够给予一定的回答和反馈。

▲ 项目活动环境布置

▲ 幼儿介绍项目活动

▲ 幼儿体验项目活动

梓鑫："这是我们中六班开展的'我为小鸟造房子'活动。在一次户外游戏中，我们发现小鸟正在墙上啄洞，小朋友们就提出给小鸟做一个家！于是我们尝试用不同的材料制作鸟巢，第一种是稻草鸟巢……"在讲解员梓鑫和启航的介绍下，参观的小朋友们非常仔细地观察了我们班的鸟巢作品，了解到我们都进行了哪些尝试，遇到问题是如何解决的，并对制作鸟巢产生了浓厚的兴趣。家长也从中感受到了幼儿在对一件事的持续关注中获得成长，感叹道：幼儿的学习原来如此有趣。

反思与评价

在STEM教育活动中，我们更加关注生活中幼儿的观察与发现，共同寻找问题的解决方式。教师能抓住孩子问题中的教育契机，"这个洞洞是做什么用的？""我们来给小鸟做一个家吧！"在问题的引领下促进幼儿的深度学习。绘画设计—制作鸟巢—实验验证—投入使用，在这整个过程中不断调动前期经验，并不断增加其已有经验。在鸟巢活动中，我们将项目活动迁移到户外，在与大自然的交流中，了解更多的内容。每次户外游戏时，幼儿都会主动提出想要去看看小鸟有没有来。同时在与家长的沟通中得知，幼儿更加关注生活中小动物的生活习性，例如小蜗牛吃什么，它的家在哪里，也想给它做个家等。在与大自然的互动中，每一个小朋友都有自己的收获。

我们最终也没有看到小鸟来过，但是这都不重要了，重要的是孩子们在这个过程中对生命的尊重和期待。然而当我们都不再期待小鸟到来的时候，周末看到小鸟在我们制作好的小屋上"跳舞"！孩子们看到视频的时候惊喜地说道："我就知道它会来!""我们成功了!"我想这将是他们幼儿园生活的最美好的回忆之一。

跨学科核心经验梳理:

项目名称		中班"我为小鸟造房子"
科学与工程实践		1. 关注到小鸟的生活需求,提出自己的解决方法; 2. 明确制作中的问题,能够分工合作制作鸟巢模型,并不断调试改进模型; 3. 能通过讲解、展板等方式,展示关于制作鸟巢的探索过程和成果。
核心概念	科学	1. 了解小鸟的生活习性、生存环境等; 2. 感受并描述土、水、石等物质的特点; 3. 在团、揉、搓、压中体验不同比例水、土之间的特性; 4. 在用树枝搭建鸟巢、使用梯子悬挂鸟巢的过程中感知三角形的稳定性; 5. 了解鸟巢的基本形状:拱形,半圆形。
	工程	1. 通过设计图纸记录制作鸟巢的实践过程; 2. 尝试进行不同材料的分组探究,进行鸟巢的实践制作; 3. 在活动中能相互分工,协作完成制作、悬挂喂鸟器的任务。
	技术	1. 运用书籍、电脑等多媒体资源收集关于制作鸟巢的资料; 2. 掌握梯子、胶枪等基本工具的使用; 3. 通过调查问卷、项目活动进程表等方式调查并记录自己的发现和想法。
	社会	1. 面对项目活动中的问题,能主动出主意、想办法; 2. 在制作喂鸟器中和他人合作,主动向其他幼儿请教,认可并感谢他人的帮助; 3. 在制作泥巴鸟巢时,能针对材料的选择抒发自己的意见并协商解决材料收集; 4. 在户外悬挂鸟巢时,能认真负责地完成自己所接受的任务。
核心概念	语言	1. 在活动展示环节能借助制作环节的照片,用自己的语言较完整、清晰地表述制作鸟巢的过程; 2. 在讨论中尝试用不同理由去解释自己的观点,尝试运用不同的策略说服他人接受自己的观点。
	健康	1. 掌握一定安全攀爬梯子的经验; 2. 使用胶枪、树枝等材料工具时,具有一定的安全意识,会保护自己。
	艺术	1. 通过绘画、日记、制作展板等艺术方式展示自己的学习过程; 2. 用稻草、泥巴、报纸等材料表达自己的感受和想象进行艺术创作; 3. 喜欢用肢体语言和绘画等不同的方式表达自己对小鸟的喜爱之情。
跨学科概念		1. 因果关系:基于观察、绘画来描述小鸟的生存需求,证明小鸟的家在树叶茂密的地方; 2. 结构和功能:感知滑轮在拉伸绳子时会帮助喂鸟器升高。

文化小使者——文化中的"薪"传承

神奇的印刷

王　璇　曹文静

适合年龄

5~6岁

项目目标

● 知道活字印刷是中国古代四大发明之一，在探究中感受传统工艺带来的乐趣，获得文化自豪感；

● 学习刻刀的简单使用方法，感受不同材料带来的操作体验；

● 探索雕刻、拓印、排版等传统工艺，解决操作过程中的问题，能自主动手操作探索活字印刷工艺。

STEM活动案例篇
文化小使者——文化中的"薪"传承

项目网络

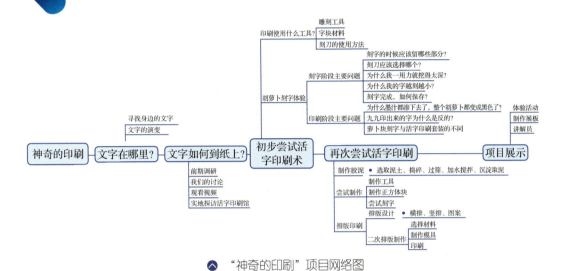

▲ "神奇的印刷"项目网络图

实施过程

活动缘起

在"特别的我"主题中,小朋友们对自己的名字产生了浓厚的兴趣,他们发现每个人的姓氏都不同,我们开始了解百家姓的由来。在设计自己个性签名环节,小朋友们发现汉字有着不同的字形,字是怎么印到书上的呢?由此开启了对文字印刷的探索之旅。

头脑风暴

为了丰富孩子们对活字印刷的认识,我们观看了活字印刷的相关视频,感受活字印刷的神奇。

— 203 —

△ 查阅相关资料

△ 竹简

孩子们七嘴八舌地议论着。乐乐说是画上去的；王泽润说是写上去的；王泽圻说是印上去的；毛豆说刻上去的；苜苜有点着急了，他迫不及待地站起来对大家喊道："都听我说，我来告诉你们我知道的。古代人如果有一千张作业的话，首先在木头上写一些字，然后把字刻出来，再按顺序把它们摆整齐并涂上颜料，接着把纸放在上边再慢慢拿开，最后把印出来的纸缝起来就成了一本书。"

孩子们紧张激烈地讨论、表达交流着自己的想法。教师在这个环节与幼儿互动，同时记录幼儿的问题，并将具有STEM价值的问题梳理成问题网络图。

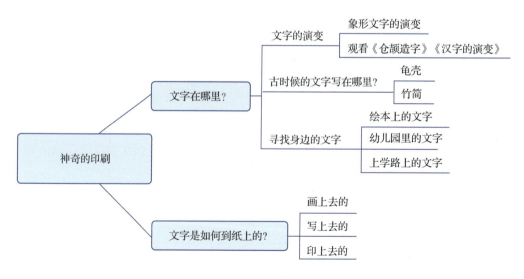
△ "神奇的印刷"头脑风暴网络图

STEM活动案例篇
文化小使者——文化中的"薪"传承

催化情境

1.丰富班级环境

教师结合幼儿需要，丰富班级材料超市，为幼儿提供可能用到的材料和工具，如投放印章、刷子、牙签、木头、纸张、彩泥、橡皮、纸板等材料，还投放了相关图书、拓印材料、刻刀等支持幼儿的探索。

△ 拓印、雕刻材料及工具

2.家园共育

调动家长和孩子一同查阅资料、观看视频，了解活字印刷术的相关知识及汉字的演变过程，并完成《百家姓》的问卷调查表，丰富幼儿的知识经验。

在家长的积极配合下，班级开展了关于汉字的家长课堂，带领孩子探索中国文字的魅力。

   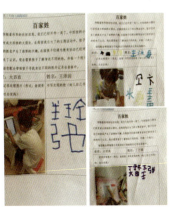

△ 投放印刷术相关图书   △ 家长问卷

— 205 —

▲ 观看书法家王羲之的故事

▲ 学写毛笔字

◀ 实地探访活字印刷馆

家长利用周末时间带领幼儿实地体验活字印刷，为后续活动做知识经验铺垫。

 工程计划

教师与幼儿讨论梳理出"活字印刷"中需要解决的问题，如：

（1）印刷所需的工具和材料有哪些？

（2）用什么办法能让文字多次使用？

根据问题，师幼共同制定出"活字印刷"的实施方案：
材料探索—工具探索—刻字体验—印刷体验

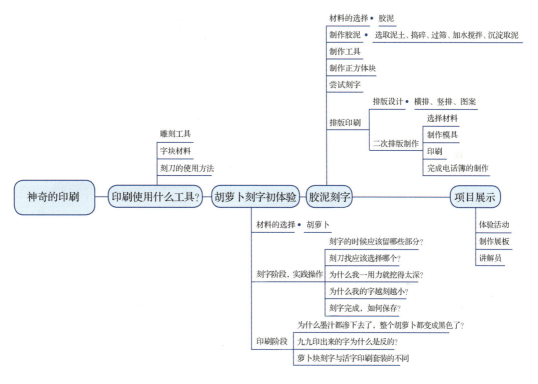

▲ "神奇的印刷"工程计划网络图

 实践探索

有了前期的知识经验，教师鼓励和指导幼儿开展跨学科的学习，动手实践解决问题。

阶段一：工具探索

（1）印刷都需要哪些材料？

幼儿收集了各种用于活字印刷的材料，如刻刀、刻字所需模板、墨汁、宣纸等。

（2）用什么材料来制作字块？

毛豆："我觉得可以用木头雕刻，古代人就是用木头的。"

乐乐："我们吃的糖也能用。"

苜苜："像我们以前拓印画一样，用萝卜和芹菜的根涂上颜料。"

兜兜："可以用橡皮泥捏出来。"

幼儿带来了各种材料，我们对这些材料一一实验。幼儿发现糖、铁、木板、玻璃太硬，很难进行雕刻；橡皮泥使用后容易裂开；苹果和梨的水分太多，也无法使用；胡萝卜软硬刚合适，水分较少。经过筛选，最终决定使用胡萝卜进行雕刻。

（3）了解刻刀的种类并学习刻刀的使用方法。

刻刀对于幼儿来说是不常见的工具，孩子们通过查阅资料了解不同刻刀的使用方法，并讨论如何安全使用。

工具材料

幼儿讨论可以选择的材料

教师思考：在材料选取这一阶段，幼儿对自己所带的材料一一进行了尝试与对比，并分析材料特点，最后用排除法选出来最适合雕刻的材料——胡萝卜。在这一过程中，幼儿通过对比、分析，从实际出发寻找解决问题的办法，不再是天马行空。

阶段二：刻字体验

第一步：切割胡萝卜。

在切割的过程中我们一起讨论胡萝卜需要切成什么形状。

腾腾："我们要切成一样大小的，这样才整齐。"

夏夏："兜兜带来的那盒印刷的积木是'正方形'的，我们可以切成和它一样的形状。"

老师："为什么要切成'正方形'呢？"

兜兜："因为我见过的印章都是'正方形'的。"

跟着小朋友的思路，我们将胡萝卜切成了"正方形"。在这个阶段，我们进行了一节关于正方体的数学教学活动。

▲ 切割萝卜

▲ 认识正方体

提出问题：正方体和正方形有什么区别？

夏夏："正方形四个边相等。"

毛豆："正方体是站起来的，有好多个面，而正方形只有一个面。"

王泽润："正方体有好多个面，而且所有的面都是一样的。"

第二步：准备好所需材料。

▲ 刻字所需材料

▲ 给孩子讲解刻刀的使用及安全事项

操作前我们和孩子们反复练习刻刀安全使用的方法。

（1）操作前先戴好防护手套、护目镜。

（2）使用时不触碰刀尖，不把刀尖对准自己或别人。

（3）使用时避免用力过猛，以防割伤。

第三步：开始刻字。

首先，孩子们在胡萝卜上用黑色笔书写自己要雕刻的文字。

▲ 书写自己的名字

▲ 保留黑色部分

问题1：刻字的时候应该留哪些部分？

夏夏："我觉得应该留空的地方。"

苜苜："留黑色的部分。"

乐乐："我认为要留里面的部分，这样才能刻出我们写的字。"

老师："我们一起来观看刻字的视频，看看刻字到底需要留哪部分呢？"

于是我们观看了刻字视频，从视频中孩子们得出了答案——刻字应该留出黑色部分。

问题2：各种刻刀我应该用哪个？

从刻刀盒里拿刻刀的时候，发现有的孩子开始犹豫不决，无法选择，索性随便拿了一个。可是刻了半天都无法刻出自己想要的图案，又重新换了刻刀，结果还是一样。发现了问题，孩子们又进行了讨论。

▲ 选择刻刀

▲ 教师再次介绍刻刀的使用方法

洋洋："我觉得要用尖尖的那个，因为最尖的肯定是最锋利的。"

王泽圻："肯定要用平平的那把，它可以把字周围多余的部分铲平。"

进近："要用窄窄的那把刻刀。"

毛豆："我选择凹进去的那把，可以挖东西。"

经过反复实践，孩子们不断总结经验，终于发现每把刻刀都有它不同的使用方法及用途。

问题3：使多大的劲儿雕刻合适呢？

在刻字过程中，发现有的孩子在去掉边缘不需要的地方时，总是会越刻越深，导致正方体已经不完整了。

左左："我们用的力气太大了，有的地方我们需要轻轻地刻。"

润润："我们太粗心了。"

我们鼓励幼儿多次练习，掌握每种刻刀在使用时用力的大小和方向。通过多次练习，孩子们理解了熟能生巧的道理。

△ 幼儿雕刻

问题4：为什么刻的字越来越小？

刻字即将完成，有一个小朋友展示作品，孩子们提出了新问题：为什么字偏了呢？

睿睿："我写得太靠一边了。"

李昆洋："在萝卜上我没有设计好字的大小，所以字才越来越小。"

腾腾："因为写字的时候我没写工整。"

通过观察和讨论，幼儿认识到了刻字最重要的是合理安排萝卜上字的大小以及书写的规范性，这样才能为刻字做好准备。

第五步：完成刻字。

在教师的引导和同伴的互助下，孩子们终于完成了刻字。由于午饭时间到了，我们没有及时印刷。下午起床后孩子们印字时发现萝卜变干了，而且上边刻的字也有些变形了，一个新问题产生了：字块应该如何保存？孩子们

△ 完成刻字

纷纷提出自己的意见,如放冰箱里、用保鲜膜包好、放水里……最后我们选用了易操作、易实现的方法,把它放在了水里保存,次日进行印刷。

教师思考:在刻字阶段,幼儿首先用笔在萝卜上画上自己所要刻的字或图案,发现方块字的空间布局应合理,了解了中国字的间架结构,同时在反复操作中锻炼了手眼协调能力,幼儿的精细动作也得到了发展。

阶段三:胡萝卜刻字印刷

▲ 水中浸泡的萝卜字块

▲ 观察自己刻的字

第二天孩子们来园后,迫不及待拿起水中的萝卜块准备印字,新问题出现了:

问题1:为什么涂了墨汁整个胡萝卜都变成黑色了?

小朋友们将水里的胡萝卜取出来准备印刷,发现刚给胡萝卜刷一点墨汁,墨汁就立刻渗到了下面,使得整个刻字面都变成黑色。

通过实验(沾了水的纸和没有沾水的纸点上墨汁的结果),大家找到了原因:刚从水里拿出来的胡萝卜水分过多。为了解决这个问题,我们一致决定把胡萝卜拿出来晾一晾,使水分蒸发一下,再进行印刷。

一个小时后,我们再次尝试印刷,水分过多的问题果然解决了。

问题2:九九印出来的字为什么是反的?

九九迫不及待去印自己刻的字,可是印了好几遍,"九"字都是反的。孩子们尝试倒着印、反着印、将纸反过来印等方法,都失败了,但为什么"日""田"字是正确的呢?通过对比,孩子们发现"日"和"田"是对称字,正反印都一样,其他字不

STEM活动案例篇
文化小使者——文化中的"薪"传承

是对称的，正着刻印出来就是反的，需要反着刻。

▲ 尝试印刷

▲ 发现"九"字是反的

教师思考：幼儿在初次尝试印刷后发现印出来的字是反的，教师借此开展了镜面的教学游戏来帮助幼儿理解这种现象。有的孩子提出来做操时自己做的动作都是和老师相反的，就像我们照镜子一样。发现了这个现象，孩子们明白了字为什么会反的道理，这又是一次知识的迁移。

问题3：印出来的字排列不整齐怎么办？

孩子们把刻好的萝卜块和活字印刷套装印出的字进行对比，发现萝卜块印的大小不一，表面也没有那么平整，字也没有那么规范。经过对比和讨论，孩子们找到了原因：胡萝卜块没有经过测量，大小不一样，我们写的字不规范，刻的时候也没刻好。

胡萝卜存放时间久后逐渐腐烂，不好保存。于是孩子们决定重新选择材料，开始下一阶段的探索——胶泥活字印刷。

▲ 对比印刷套装与自己做的胡萝卜字模

— 213 —

阶段四：胶泥活字印刷

活动1：制作胶泥块

孩子们迫不及待出发去寻找泥土，一下楼就直奔草坪。在不破坏草坪的前提下，他们选择了一块空地开始认真"工作"起来。杉杉用铲子用力挖着，但是发现地面的泥土太硬了，实在难挖，于是叫来王泽圻帮忙，两人一起合作挖出来一大块土。"杉杉，这个土块这么硬，里边还有小石头和沙子，这个肯定不能用。"王泽圻说。"那我们重新找找，看能不能找到小的、没有砂石的土块。"孩子们继续寻找着。突然王泽圻大喊："我发现这里有干净的土，而且摸起来软软的。"原来他在沙池旁发现了两个废弃的花盆里有干净的黄土，兴高采烈地装了一大袋泥土。

孩子们把找回的泥土进行"加工"。在捣碎过程中，土会不断向四周喷出，孩子们手忙脚乱地挡着飞出来的泥土。就在这时，毛豆突然从人群中蹿出来直奔到建构区，只见他抱着一堆积木，用长方体积木做了一堵围墙，把捣碎的泥土包得严严实实，大家都给他竖起来大拇指。

孩子们把捣碎的泥土放进筛子中进行过滤，每个人都是小心翼翼，有的轻轻地扶着袋子，有的稳稳地握着筛子，还有的紧紧地抬着报纸，生怕手中的泥土撒出去。

孩子们把筛好后又细又软的泥土倒入杯中加水搅拌。"哎呀，快停下来，水倒太多了！"这时人群中冒出来一个声音，原来是王泽润小朋友的鞋子被溢出来的泥水弄脏了。最后他们只能将泥水全部倒掉，泥浆制作失败。另外一边小朋友每次只倒一点水，边倒边搅拌，最后将制作的泥浆进行晾晒，制作出一块块泥膏。整个过程充满了艰辛，但孩子们却非常享受。

▲ 挖土

▲ 捣碎土块

STEM活动案例篇
文化小使者——文化中的"薪"传承

△ 筛土

△ 和泥

活动2：制作正方体胶泥块

如何做出大小相等的正方体胶泥块？孩子们一边讨论一边操作。他们决定先做出一把量尺，再用量尺来量出一样大小的胶泥块。

在制作量尺的过程中，因刻度不够精准，所以每个人做出来的尺子各不相同。月月做的尺子刻度划分大小不一，没有办法精确测量；小禾苗做的尺子刻度太密集，数字没有办法写上去；大家一致认为笑笑做的尺子刻度划分均匀，测量后每段的距离是一样长的，大家决定用笑笑做的尺子作为后期制作正方体的测量工具。

丁艺硕小朋友首先将桌子上的一整块胶泥分成若干小块，但好像并没有要结束的样子，只见她歪着头、皱着眉在思考着什么。在组员的催促下，她突然将中间几块特别大的胶泥拿起并揪下来一部分分给一些比较小的胶泥块，分完后很满意地点了点头。接着，小朋友们每人挑选了一块胶泥开始"工作"了。小禾苗先把手里的泥块团成一个大圆球，接着她把大圆球使劲一摁，大圆球瞬间变成了大圆饼。于是她又开始了下一轮的"整理"，左手的两个手指捏着它的边，右手慢慢将它的边抹平，同时用笑笑制作的尺子仔细测量了每个边的长度，直到每条边的长度都一样为止。经过多次反复的"修整"，一个正方体的泥块逐渐显形了。这时组员们发现他们制作的正方体泥块很粗糙，不够精细，小朋友们对做好的泥块再次进行"加工"，他们重新进行了分工，由泽泽来测量与切割，腾腾做记录。首先泽泽对泥块的长、宽、高分别进行了测量，发现每块都有很多问题，随即和腾腾展开了激烈的讨论并对数字进行了调整，最终切割出了长5厘米，宽5厘米，高2厘米的泥块。他们以此为标准，对泥块——进行修改。

— 215

▲ 设计制作量尺

▲ 切割

▲ 测量

▲ 记录

活动3：完成刻字工作

泥块做完后，刻字组的小朋友也开始工作了。可刚开始不久，就听到芮芮大喊："老师，我的刻坏了，因为这个泥块实在太黏了，胶泥都粘在我的刻刀上了。"于是大家决定对胶泥进行晾晒。但晾晒多久才刚好刻字呢？我们通过查阅资料，了解到胶泥刻字必须处于半干状态。

▲ 在胶泥上刻字

STEM活动案例篇
文化小使者——文化中的"薪"传承

活动4：排版印刷

刻字完成后，小朋友们特别着急想要把自己的成果印到纸上去，可是如何印呢？于是他们再次查阅书籍，发现有些书本的字是横着排的，有些书本是竖着排的，并且会在需要的地方插入图片。我们对排列的方向进行了讨论，小朋友们对八个方位进行了简单的认识（上、下、左、右，左上角、左下角、右上角、右下角）后，开始了自己的排版设计。

▲ 幼儿观看书本　　▲ 认识方位　　▲ 竖排　　▲ 横排

设计完成后，王泽润告诉我："我是竖着排的，跟古代的书一样，从上往下。"月月说："我是横着排的，从左往右，像我看的绘本故事那样。"张知坚说："我排的是一个鲨鱼形状，我要把字排在最外侧，变成一个鲨鱼形状。"

▲ 鲨鱼图案排版

讨论结束，孩子们开始排版制作，发现每个人做的字块数量有限，没有办法都按照自己的设计图进行排列。大家商量后决定按照排版设计进行分组：横排组、竖排组、图案组。

— 217 —

▲ 横版印刷　　　　　　▲ 竖版印刷　　　　　　▲ 图案印刷

阶段五：制作班级联系电话簿

在排版制作的过程中，小朋友将刻好的字一个一个往纸上印刷。印刷完成后，我们进行了一次各组之间的交流分享，小朋友们提出了自己的问题。

（1）印刷排版速度慢；

（2）行和列都不够笔直，忽上忽下，忽左忽右；

（3）中间间隔忽大忽小。

对于这些问题，我们进行了讨论。

乐乐："因为我们是一个一个印刷的。"

笑笑："我们应该一下子印出好多字。"

那怎样才能印出好多，又不会乱呢？

芮芮："我们可以提前把所有的摆好，然后刷上墨汁，把整张铺上去，这样就一次印完了。"

解决了印刷慢的问题，可是如何能让印刷出来的字间距均等，桐桐说："用尺子量。"于是他很快去材料区的工具箱里拿了尺子进行尝试，可是又发现了新的问题，刻的字容易动，间距、高低就容易改变。为了解决这个问题，小朋友们又展开了新一轮的讨论。杉杉说："我们好几个人把它按住，就不会动了。"悦悦说："用胶枪粘住。"

我们又一次观看了活字印刷视频，发现印刷需要一个模具。小朋友们纷纷想进行二次尝试，决定制作一本班级成员联系电话簿。

问题1：模具应该做多大？

小朋友们开始在材料超市进行寻找，他们最终拿来了间隔板、纸箱、纸板。对于材料他们进行了讨论,间隔板到底可不可以制作模具?

杉杉:"可以,因为它就像那个百变创意墙一样是一格一格的。"

悦悦:"不行,那个太大了,我们的一张纸上一横排放不了11个数字。"

芮芮:"不行,我上次看我们的泥已经剩一点了。"

通过讨论,大家们表示模具可以做小一点。小朋友们再次跑进材料超市选择纸盒,并与纸张进行比较,通过多次比对,终于找到了一个合适的纸盒,开始了模具的制作。

▲ 间隔板

▲ 将纸盒盖和纸张大小进行对比

问题2:如何做出合适的模具?

第一次裁剪:悦悦拿来纸板,先根据目测观察将纸板剪成了条状,将纸条放入盒子里进行长度的对比,发现太长后,进行了剪裁,放入盒子后又发现太短。可是已经没有办法修补,只能重新做。

▲ 长度对比

▲ 进行剪裁

第二次裁剪:总结第一次裁剪的失败经验,小朋友们对于第二次裁剪更加慎重。怎么样才能一次就裁剪得刚刚好呢?他们进行了讨论。

腾腾："我们用尺子量吧。"

教师："可是，我们班级里没有那么长的尺子。"

悦悦："我们用别的东西来代替吧。"

悦悦说完，夏夏找来一根树枝给了悦悦："这个树枝挺直的，我们用这个吧。"悦悦接过树枝开始做了起来。她在树枝上根据纸盒的大小做了一个标记，放在纸板上做上记号并裁剪。裁剪完成后，悦悦将其放入盒子刚刚合适，于是做了其他几个，模具制作完成。

△ 对比测量做标记　　　　　△ 进行对比画线　　　　　△ 进行剪裁

教师思考：制作模具过程中，他们对自然测量有了一个更深刻的认识，尝试用替代物进行长度的测量。第一次裁剪失败时，知道总结经验，另辟蹊径，尽管过程中出现争辩，但通过动手操作解决了实际的问题。

问题3：胶泥块做多少个合适？

模具制作完成后，我们准备制作胶泥块，那做多少个合适呢？通过记录家长的电话，小朋友们发现手机号码总共有11位数字。通过对模具的排列，孩子们发现每个模板可以排出6排11列，也就是一张纸上可以放6个手机号码。计划好大小，我们开始选择电话号码，小朋友们纷纷报上了自己爸爸妈妈的号码，我们对这些号码进行了记录，就开始制作胶泥块，并准备刻字。

这次刻字我们根据小朋友们的意愿，每个人自行选择擅长的数字进行雕刻。有了前期刻字的经验，小朋友刻数字的过程较为顺利。电话簿制作完成后，虽然孩子们发现有个别数字仍然是反的，但他们依然获得了满满的成就感。

STEM活动案例篇
文化小使者——文化中的"薪"传承

▲ 准备材料　　　　　　▲ 排版　　　　　　　　▲ 开始印刷

▲ 刷上墨汁的胶泥块　　　▲ 完成的电话簿

教师思考：孩子们通过自己的努力，制作了第一本电话联系簿，积累了大量活字印刷的经验，并进行了多领域经验的探索，虽然出现很多次的失误，但每个人都坚持做完自己的工作，养成了良好的学习品质。

 展示交流

项目完成后，我们决定办一场体验活动，让幼儿园更多的小朋友感受活字印刷的神奇，了解我们的探索过程。

孩子们对这次展示活动充满了期待，大家决定制作展板来介绍我们的制作过程，并由一名幼儿作为讲解员，为大家介绍。于是我们在班上进行了竞聘活动，投票选出最优秀的讲解员。展示日当天，我们班的展板和体验区吸引了许多小朋友和家长，讲解员大方地介绍着我们的活动，孩子们的探索过程让家长们赞不绝口。

来参观体验的幼儿和家长

体验刻字

反思与评价

活字印刷项目历时近三个月，幼儿从认识汉字到印刷文字，每一个过程他们都像科学家一样提出自己的疑问并寻找解决方案。在工程实践环节，无论是刻字还是印刷，幼儿都对方案进行了多次的优化和改进。他们通过不断的试误（尽管这样会花费大量时间），最终制造出理想化的产品并从中获得了经验。

就我们教师而言，也担心自己在STEM方面的经验薄弱会影响STEM活动实施，因此在制作阶段，我们很少干预孩子们的想法与操作，避免把他们引导到某一个所谓的"正确"方向上，相反，致力于培养孩子们思考和解决问题的能力，给他们时间讨论、分享，提出异议，为他们创造学习的机会。

跨学科核心经验梳理：

项目名称		大班"神奇的印刷"
科学与工程实践		1. 通过视频、网络、手机收集印刷术相关的资料； 2. 能通过小组商议的方式，确定印刷内容和排版方式； 3. 在制字、排版、抹墨、铺纸、印刷、晾晒等操作流程中，感受中国传统文化的魅力。
核心概念	科学	1. 了解活字印刷的原理和特点，认识活字印刷所需的各类工具和材料； 2. 运用观察、比较的方法分析泥巴、胡萝卜等的材料属性； 3. 感受力的大小与方向对刻字结果的影响； 4. 感受数字在生活中的实际运用，体验数的有趣和有用； 5. 运用镜面反射原理，制作字块。
	工程	1. 能围绕活动中遇到的问题自主选择材料，解决问题； 2. 能根据雕刻、排版等任务组建小组，分工协作，相互讨论解决问题； 3. 发现雕刻过程中遇到的问题，并能够不断调试、改进方法。

核心概念	技术	1. 学习使用互联网、图书、调查表、实地探访等方式了解文字的由来与活字印刷的技术； 2. 利用刻刀、尺子等工具解决刻字过程中遇到的问题； 3. 使用模具对雕刻好的字进行排版固定。
	社会	1. 感知我国古代科技成果的伟大； 2. 能与同伴友好合作共同完成。
	语言	1. 在分享活动中，能比较清楚地讲述实践活动中所获得的经验。 2. 在展演活动中，面向其他幼儿完整连贯地讲述制作的过程和方法。
	健康	1. 能安全并熟练使用雕刻工具和印刷工具； 2. 通过团、揉、搓等方式制作统一大小的字块，锻炼手部肌肉。
	艺术	1. 通过排版设计，提升认知美、创造美的能力； 2. 感受中国汉字的演变美，体验中国文化的博大精深。
跨学科概念		因果关系：字块脱水后会产生裂痕，萝卜块会缩小。 尺度、比例和数量：制作的字块大小应符合阅读需求，电话簿的号码应满足11位。

健康小达人——运动中的"小"发明

PVC管DIY

汤璐华

适合年龄

4~5岁

项目目标

- 了解PVC管材料属性及基本拼接方法；
- 利用PVC管拼接灵活的特点，尝试结合运动项目需要，设计多种运动器械；
- 学习用测量的方法，确定材料的尺寸，尝试用工具解决制作中遇到的问题；
- 自主探索器械的多种玩法，开展丰富的体育运动，锻炼体能。

STEM活动案例篇
健康小达人——运动中的"小"发明

项目网络

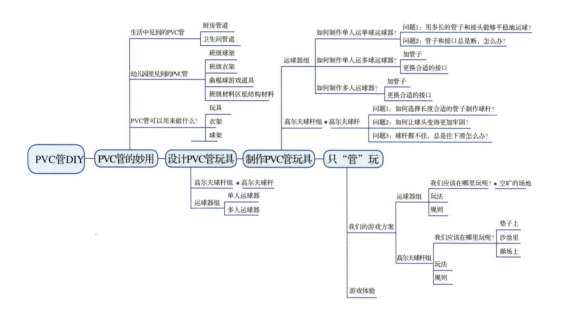

▲ "PVC管DIY"项目网络图

实施过程

活动缘起

我在班级的材料超市投放了一些PVC管和接头。它安全、轻盈、易连接，是一种比较适合建构的低结构建构材料。孩子们一直在玩，在游戏的过程中也积累了一些用PVC管进行建构的经验。一天帅帅在游戏时用PVC管接上弯形接头，上面放一个小球，做了一个小运球器，于是孩子们都纷纷效仿他，比赛看谁的小球可以平稳地待在管子上。孩子们萌发了用PVC管制作运动器械的想法。

— 225

头脑风暴

为了加深孩子们对PVC管这一材料属性及用途的了解，我们给孩子们布置了任务，找一找生活中PVC管的用途。家长们也积极行动起来，和孩子们一起在网上收集一些图片信息。围绕PVC管能做什么，孩子们展开了讨论。

润馨："管子可以做架子，幼儿园里有的班级用管子做的球架！"

木木："可以做水管，我家的卫生间有这个管子。"

糖糖："PVC管可以做放玩具的架子，咱们班的材料超市就是用PVC管做的架子！"

乐乐："上次我在玩区域的时候，发现这个管子接不同的接口，就会拼出不一样的房子。"

熙妞："我看到大二班小朋友用这个管子做成球杆，玩曲棍球游戏。"

乐乐："还可以玩跳方格，我们可以拼一个跳房子的玩具。"

Yoyo："我看过高尔夫球，是一个杆子打着球，然后进一个洞洞，很有趣。"

帅帅："可以用它来运乒乓球，上次我玩得可好了。"

壮壮："可以做跨栏，还可以从下面爬过去，户外游戏时可以用。"

▲ 幼儿分享交流PVC管的用途及玩法

我们在班级进行了投票，选出了孩子们想要制作的体育器械。其中，运球器和高尔夫球杆的呼声最高，于是我们开始了运球器和高尔夫球杆的探索和制作。

STEM活动案例篇
健康小达人——运动中的"小"发明

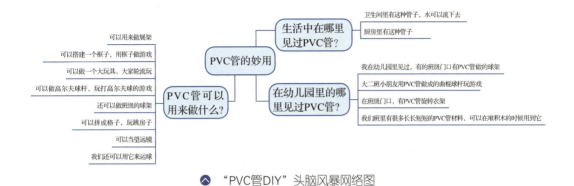

▲ "PVC管DIY"头脑风暴网络图

催化情境

我们将班级材料超市和建构区相结合，设置了材料区、工具区、图书区。材料超市投放了大量PVC管及二通、三通、四通的接头；建构区展示了PVC管制作的模型、搭建方法示意图，并开辟了搭建场地；工具区提供绘制设计图的笔、纸等工具；图书区投放一些PVC管搭建、游戏的图片。

▲ 材料超市中的相同规格的PVC管及接头

▲ 搜集的PVC管制作的体育器械组合游戏图片

工程计划

孩子们决定制作以下两种体育器械进行游戏：运球器和高尔夫球杆。

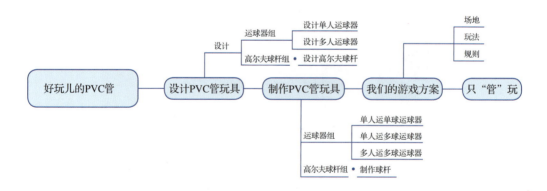

▲ "PVC管DIY"工程计划网络图

实践探索

我们通过前期的调查,已经对PVC管的用途和玩法有了一定的认识,孩子们跃跃欲试,开始了运球器和高尔夫球杆的制作。

1.运球器组

针对运球器的制作,孩子们展开了激烈的讨论.

乐乐:"只有管子和接头,要怎么做运球器啊?"

轩轩:"你看,我把管子和接头连起来,把球放在这个洞洞上面,就可以运着球走了!"

琪琪:"这是个好办法!我也想试一试,接头很多,说不定我能拼出来和你不一样的运球器!"

佳佳:"我们运什么球合适?班里有篮球,可是这个管子也太细了吧!而且篮球也太重了!"

贝贝:"因为我们班级的管子有点细,如果是很大的球,一定会掉的。咱们班不是有乒乓球吗,我试一试不就知道了!"

贝贝说完,就将乒乓球在管口和接口处比了一下,刚刚好可以托住球。通过讨论确定了材料和球,孩子们开始设计运球器。

(1)设计运球器。

孩子们都想设计独一无二的运球器,认真地画起图来。

堆堆迫不及待地和小朋友分享自己的设计:"这是我设计的运球器,我的运球器是一根管子和一个拐弯的接头连在一起的。"轩轩举起了手:"老师,我和他们设计的不一样。我的是用三个接头和三根管子做成的,我一次可以运两个球。如果比赛的话,我肯定是第一名。"孩子们非常兴奋,跃跃欲试,都想赶紧开始制作自己的运球器,一较高低。

▲ 幼儿设计单人运球器

（2）制作运球器。

1）单人运多球运球器。

分享完自己的设计图，孩子们根据自己的设计图，用PVC管进行运球器的制作。在制作的过程中，孩子们遇到了问题。

问题1：用多长的管子和接头能平稳地运球？

▲ 幼儿根据设计图制作运球器，并尝试用运球器运球

孩子们在尝试运球的过程中，轩轩小朋友的运球器可以满足运球的功能，但是总是掉落。

轩轩："哎呀！怎么总是掉呢？我已经走得很慢了，到底是什么原因呢？难道运球器只能运一个球才稳吗？"

麦麦："轩轩我可以试一试你的运球器吗？"

麦麦尝试后："我觉得你用的两边的管子太长了，中间的管子又很短，这样上面有点重下面太轻了，感觉不稳！"

帅帅："我感觉两边的可以短一点，你用尺子量一下，或者用胳膊比画一下长短,找合适长短的管子,这样能稳一些!"

轩轩听了小朋友的建议,尝试用尺子进行测量,将两根管子放在一起进行长短的比较,选择合适的管子长度进行运球器的制作,在运球的过程中速度也尽量放慢,果然顺利地运了两个球。小伙伴们纷纷拍手叫好。

问题2:管子和接口处总是断,怎么办?

一波未平一波又起,皮皮懊恼地坐在地上:"哎呀,这个管子和接口总是断,我还没运球呢,就不能用了。"

阿宝:"你应该把这个接头弄得紧一点,就不容易掉了。你可以安装好后,在地上磕一磕。"

妞妞:"你还可以用宽胶带把接口的地方缠起来,这样的话就不容易掉了,很结实的。"

泽泽:"用胶带粘住了,那想要拆开就很麻烦了呀!"

佳佳:"可以用积木敲一敲,那样就会弄得很紧。"

▲ 幼儿尝试用自己制作的运球器运球

2) 多人运多球运球器。

孩子们制作了单人的运球器后,开始提出想要制作更多人玩儿的运球器。

糖糖:"一个人玩儿没意思,我想和琪琪还有佳佳一起制作一个运球器。"

帅帅:"你的意思是,做三个人一起玩儿的运球器?"

糖糖:"对呀!那样肯定比一个人好玩儿多了!"

此话一出,班级里的小朋友们沸腾了,都纷纷表示想要和自己的小伙伴共同制作一个多人运球器。于是孩子们进行了分组,开始设计运球器。

△ 一组、二组幼儿设计多人运球器

轩轩、乐乐和阿宝是一组,三个人展开了讨论。

轩轩:"我们有三个人,我们要设计一个三人的运球器。"

乐乐:"我们得先想好,哪边运球,哪边可以用手扶着。"

阿宝:"而且我们得知道我们这个运球器能运几个球。"

 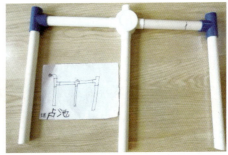

△ 一组、二组的多人运球器设计图

孩子们重新绘制了设计图,准备进行下一步的运球器制作。

△ 一组、二组幼儿尝试多人运球器

琪琪:"你看我们的运球器是竖着的,这样拖着乒乓球就不容易掉,我们三个很快就通过了。"

阿宝:"我们的是横着的,走的时候也很稳。"

有了前期单人运球器的经验,孩子们很快制作好了运球器,并且尝试游戏。

教师思考:孩子们制作单人、多人运球器时,先绘制了设计图,根据设计图进行运球器的制作。在制作的过程中,幼儿遇到了管子比例问题、管口松动问题,以及如何制作多人运球器,相互配合尝试进行游戏等问题。这一环节更多的是体现同伴间相互学习的过程以及运用多重工具和方法解决问题。

运球器做好了!孩子们开展了有关运球器的游戏,材料准备齐全后孩子们开始商量游戏玩法。

帅帅:"我们该怎么玩儿呢,玩游戏都应该有游戏规则。"

琪琪:"我们可以像跑步比赛一样,大家都从一条线后面出发,然后第一个到终点的就赢了。"

皮皮:"那我们制作的是运球器啊,肯定是谁先运过去,不掉球,谁就赢了,这样才对吧。"

贝贝:"如果是这样的话,也可以比一比谁运的球多,谁就赢了,但是不能掉到地上,掉地上就输了。"

▲ 讨论运球器游戏规则

教师思考:在讨论游戏规则过程中,幼儿结合已有的日常游戏经验,梳理了一些简单的游戏规则,同时结合运球器这一体育器械的特点,进行游戏规则的制定。

老师将孩子们关于运球器的规则都记录了下来,并且运用到了日常的运球器游戏当中。

2.高尔夫游戏

▲ 前期准备：了解高尔夫运动

（1）了解高尔夫运动。

打高尔夫球都需要哪些工具和场地？针对高尔夫游戏场地的需要，孩子们提出了自己的想法。

菲儿："运动员可以把球打得那么远，球一下就可以进到洞洞里面。"

润馨："我们可以先画好场地和旗子的位置。"

刘禹彤："要在草地上打，我觉得操场不错。"

果果："可是我们没有球杆。"

熙妞："我看过比赛里，是一个杆子前面有一个圆圆的头，用那个头去打高尔夫球，然后进一个洞洞里，那个人就得一分。"

最终在孩子们的讨论中，孩子们知道了打高尔夫球游戏需要场地上有洞洞，有高尔夫操作杆，有高尔夫球，还要有游戏规则。

（2）设计高尔夫球杆。

讨论过后，孩子们开始第一次设计自己的高尔夫球杆。

▲ 幼儿设计高尔夫球杆

STEM活动案例篇
健康小达人——运动中的"小"发明

崔希喆："我画了一个圆形的球头,中间还有一些透气的小孔。"

彤彤："我的推杆画成了长长的。"

教师思考：从孩子们的设计图中看出,他们已经基本掌握高尔夫球杆的基本组成,即球杆和球柄。但是孩子们并未关注到球杆的长度与游戏者身高间的关系。

（3）制作高尔夫球杆。

彤彤对照着自己的设计图,首先寻找到一个PVC长管,和自己的身高比了比,发现手拿到球杆后,球杆直接抵达至地面,便满意地笑了起来。随后连接转弯头,高兴地跟身边的小朋友分享,并大喊道："我的球杆制作成功了！"

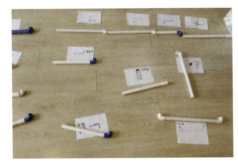 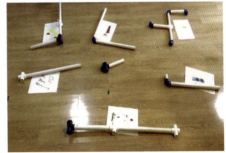

▲ 幼儿制作高尔夫球杆

问题1：如何选择长度合适的管子制作高尔夫球杆？

孩子们做好高尔夫球杆后初次尝试。他们发现,果果的管子太长了,虽然很用力地在打球,但球总是打不了多远,而且方向总会出现偏差,运球的时候还会松动掉落。

Yoyo："果果用的管子太长了,我们的胳膊根本控制不了它,又重又长。"

多多："他的杆身和球头都很长,我感觉都可

▲ 幼儿尝试高尔夫球杆

— 235 —

以短一点，这样能稳一些。"

茗曦："我们可以先用不一样长的管子试一试，哪个管子用着方便就用哪个。"

教师思考：在这一阶段，孩子们发现，设计图与实物是有一定差距的。他们在制作过程中没有考虑到球杆长短的问题，这一问题在尝试使用中得到了解决。

问题2：如何让球头变得更加牢固？

彤彤："管子和接口处总是断？"

小川："把这个接头弄得紧一点，就不容易掉了。"

小川："你可以安装好后，在地上磕一磕，这样就紧了。"

问题3：球杆握不住，总是往下滑怎么办？

果果："之前做的球杆在使用的时候，一使劲球杆就会拿不住，非常地滑。我想给球杆上加一个球柄，这样游戏的时候就紧紧握在手里了。"

其他小朋友看到后，都开始尝试做球柄，改进高尔夫球杆，以便在打球的时候更牢固地握在手中。有了前期高尔夫球杆的制作基础后，孩子们提出想要给球杆上加一个可以握住的手柄，这样更方便游戏的时候牢牢抓住球杆。

△ 设计球柄的形状

在高尔夫球杆改进过程中，幼儿发现超轻黏土的塑形能力较强，可以任意捏出想要的造型，幼儿开始用超轻黏土进行球柄的塑形以及与球头之间的衔接。

STEM活动案例篇
健康小达人——运动中的"小"发明

▲ 球柄制作成果

教师思考：在这一环节中，改进了高尔夫球杆，增加了球柄。球柄的制作更加方便了高尔夫游戏，下一步将投入到体育游戏中。

（4）高尔夫游戏方案。

孩子们将自己制作的高尔夫球杆带到户外，在玩儿的过程中，孩子们发现，游戏需要一定的规则，大家才能一起来比赛。

多多："你看，我的高尔夫球杆做好啦！"

果果："我的球怎么总是打不远呢？"

可乐："你应该用力一点，并瞄准高尔夫球。"

Yoyo："为什么在垫子上的时候很好推球，一到沙池里球走得就很慢？"

多多："如果换成其他地方呢，会不会好一些？"

Yoyo："我看到很多高尔夫球都是在草地上玩的，我们去草地上试一试吧！"

▲ 幼儿选择场地进行高尔夫游戏

果果："可是草坪上没有洞洞，如果我们挖个洞洞的话，草坪就坏了！"

多多："那我们可以距离短一点，在沙池里打高尔夫球，这样也可以进球。"

通过游戏实践，我们发现场地对高尔夫球运行的速度有着至关重要的影响。

— 237

展示交流

1.运球器大比拼

两组小朋友都完成了游戏设计，运球器组兴高采烈地向同伴展示自己的游戏。

孩子们根据自己约定的游戏规则进行单人运球器的游戏，在自主游戏中，孩子们越来越兴奋，他们自由组合，不断改造着自己的运球器。

▲ 幼儿进行运球器游戏

▲ 幼儿制作单人运多球运球器

在自主游戏中，孩子们越来越兴奋，他们自由组合，不断改造着自己的运球器。

皮皮："看我和张夏溪两个人运了四个球！"可是到达终点的时候，两个人却犯了难。张夏溪："这个运球器比框子宽，怎么把球放进去呢？"

皮皮思考了一会儿说："你把它扶稳，我一个一个按顺序轻轻放。"

最后，皮皮和夏溪完成了此次运球，两个人高兴地拍着手，告诉小伙伴们："快看！我们两个人运了四个球！"这个时候，佳佳大声地说："你快来看我们的！我们要运十一个球！"四个小朋友小心翼翼地端着超级运球器，顺利地将球运到了终点，孩子们为他们挑战成功鼓起掌来。

▲ 挑战多人运球器成功

2.高尔夫游戏展示

孩子们在班级里开展了高尔夫球比赛的活动,最终孩子们还是选择了沙地作为比赛场地。孩子们都跃跃欲试,想要试试看自己的球杆能否打球进洞。高尔夫球成了班级里炙手可热的运动项目。

▲ 幼儿进行户外高尔夫游戏

 反思与评价

一次偶然的机会孩子们用PVC管接上弯形接头,上面放一个小球,他们比赛看谁的小球可以平稳地待在管子上。后来,孩子们又升级了对游戏的挑战,看谁用运球器运球能走得最快、最远,运球最多。随着游戏的推进,孩子们又提出更多的挑战:能不能做两个人可以合作玩儿的运球器。为此孩子们开始尝试改进运球器,开展双人运球的游戏。有了成功的体验后,孩子们的创造一发不可收拾,积极参与到多功能运球器的设计和制作中。在这一过程中,孩子们通过计划、调整、讨论、合作、制作,最终做出了三人运球器、十人运球器、多层运球器,完成了多人合作的运球游戏。通过PVC管的拼搭合作以及接力运球和多人运球等多种竞赛方式,锻炼了幼儿克服困难的精神,增强了同伴间的合作意识。

在解决问题的过程中,孩子们在确定最佳方法和最佳设计时,经历了说服与妥协。在画设计图时,有的幼儿画出了各种材料安装的位置,实际上是对模型思维建构的掌握;幼儿使用各种工具,体现了他们将技术作为一种解决问题的手段。在整个过程中,孩子们不断调整、改进、分工与合作,这些都是初步工程思维的体现。

跨学科核心经验梳理：

项目名称		中班"PVC管DIY"
科学与工程实践		1. 能够结合工程实践的环节，记录自己的操作过程，表达自己的想法； 2. 积极参与动手实践，制作运球器、高尔夫球杆，在试误中提升相关经验解决问题，满足游戏需要。
核心概念	科学	1. 用自然测量的方式进行测量（自然测量球杆长度）； 2. 能够计算所需物品的数量（如PVC管多少、接头多少）； 3. 运用空间方位知识，灵活运用两通、三通、四通、五通接头进行运球器的设计、制作； 4. 在探索过程中，感受PVC管的拼插方式与使用功能间的关系。
	工程	1. 有设计的愿望，准确绘制运球器的外部结构位置，并按照设计图制作运球器、高尔夫球杆； 2. 能够根据游戏中遇到的实际问题，完善运球器的设计，能够在过程中不断发现问题，调整设计图。
	技术	1. 能用技术手段解决在运球器、高尔夫球杆制作过程中遇到的问题； 2. 掌握正确使用工具的方法。
	社会	1. 活动中主动承担任务，愿意向同伴学习； 2. 知道别人的想法有时和自己不同，能倾听和接受别人的意见，不能接受时会说明理由； 3. 能主动发起活动或在活动中发现问题、想办法。
	语言	1. 能主动提出问题并与他人讨论，敢在众人面前说话； 2. 能够完整讲述制作过程及游戏规则，分享游戏经验。
	健康	1. 锻炼平衡能力； 2. 感受合作游戏的快乐。
	艺术	1. 能够用简单的线条准确表现自己的设计图； 2. 能用自己喜欢的艺术表达方式装饰游戏器械。
跨学科概念		1. 尺度、比例和数量关系：球杆长度满足幼儿身体比例； 2. 结构与功能：PVC管端口数量与运球数量相关。

曲棍球

李晓亚　胡　晶

适合年龄

5～6岁

项目目标

- 认识曲棍球，了解其玩法和规则；
- 结合曲棍球的游戏需求，利用PVC管拼接灵活的特点，分组设计并制作球、球棍、球门；
- 感受团队游戏的乐趣，乐于参与体育活动，提升身体协调性、灵敏度。

项目网络

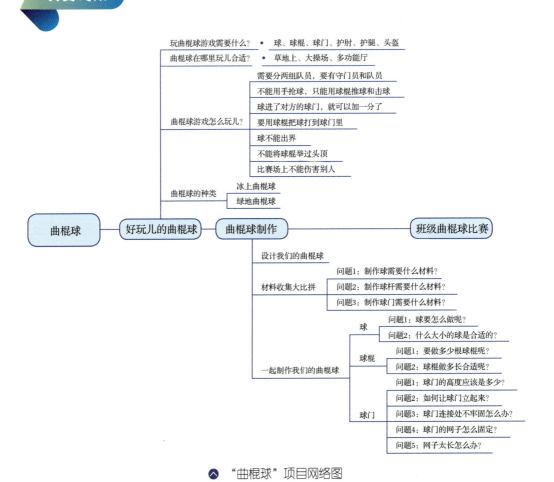

"曲棍球"项目网络图

实施过程

活动缘起

简单的爸爸喜欢曲棍球运动,经常会带简单看曲棍球比赛,简单时常会向同伴分享。今天的"赶小猪"游戏让孩子们突发奇想,开展了热烈的讨论。

小宝:"'赶小猪'游戏特别像打曲棍球。"

简单:"我见过电视里玩曲棍球,看起来很好玩。"

肉肉:"它跟踢足球一样,需要在一个场地里。"

龙宝:"它的球杆像拐杖一样。"

昊然:"他们是两队在比赛。"

龙宝:"我们把它做出来玩怎么样?"

看着孩子们讨论得热火朝天,热度不减,基于孩子的兴趣,我们的曲棍球项目启动了。

  头脑风暴

孩子们对曲棍球游戏感到有点陌生和新奇,特别兴奋地围绕曲棍球的种类、游戏规则、玩法等展开了激烈的讨论。

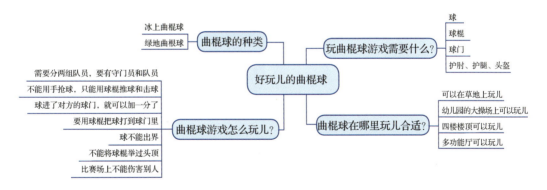

▲ "曲棍球"头脑风暴网络图

  催化情境

1.环境创设

幼儿搜集了有关曲棍球的资料,打印成书放在材料超市,供幼儿翻阅了解。班级材料超市也提供了大量材料,如不同材质的纸张、纸盒、纸箱,不同规格的PVC管、瓶子等。

— 243

▲ 材料超市

▲ 有关曲棍球的自制小书

2.家长资源开发

幼儿在家长的帮助下通过多媒体搜索资料，观看曲棍球比赛视频，对曲棍球有了更进一步的了解。孩子们产生了玩曲棍球游戏的兴趣，并且自发在家里进行尝试。

▲ 利用多媒体搜集资料

▲ 模拟体验

STEM活动案例篇
健康小达人——运动中的"小"发明

工程计划

在活动前期，孩子们对曲棍球已经积累了一些经验，非常期待自制曲棍球并进行游戏。具体如何制作呢？我们的步骤是什么？我们要如何分工？孩子们与老师再次展开讨论。

单单："我们要寻找材料。"

大齐："做球棍、球、球门的材料都要有。"

朵朵："还是先画设计图吧。"

琪琪："我们要分工做，有人做球，有人做球棍，有人做球门。"

丁丁："是的，而且我们要做很多个，曲棍球游戏要很多人才能一起玩儿。"

基于孩子们的讨论，师幼共同制定曲棍球项目方案。

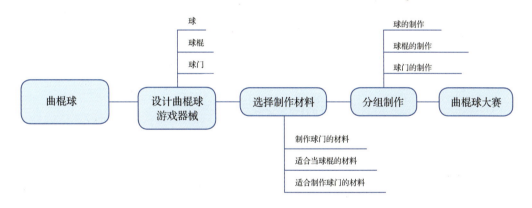

▲ "曲棍球"工程计划网络图

实践探索

1.设计我们的曲棍球

根据前期经验，孩子们开始绘制设计图。

△ 设计图

孩子们的设计都不一样，到底要按照谁的想法制作呢？经过一番激烈的讨论后，孩子们确定先制作曲棍球的基本器械，分成制作球、球棍、球门三组，并根据自己兴趣自主选择进入小组。

2.材料收集大比拼

分组后，孩子们开启曲棍球的制作之旅，该使用什么材料呢？孩子们又开始了头脑风暴，你一言我一语出谋划策。

简丹："可以用区域里的布，就像我们做沙包一样。"

可乐："那太麻烦了，我们可以制作纸球。"

豪豪："我们班里有很多报纸，可以做纸球。"

香香："可以用我们材料超市的PVC管做球杆。"

大齐："对，这个弯弯的二通可以做下面的部分"。

多多："球门也需要PVC管，先做一个框架。"

亲亲："还需要网子，可是我们没有网子。"

嘟嘟："网子是用绳子做的，我们可以用绳子做吗？"

白白："网子好难做呀！"

孩子们经过激烈讨论，最后决定利用区域里不同规格的PVC管制作球杆和球门，但是没有网子。家长们为了支持幼儿项目活动的正常进行，为幼儿购置了网子。

△ 绳网

教师思考：幼儿在商量收集材料时，能够迁移生活经验讨论材料的适宜，以及考虑到根据游戏需要准备材料数量的多少，初步具备了工程思维。

3. 一起制作我们的曲棍球

（1）球。

问题1：球要怎么做呢？

讨论到曲棍球的球要怎么做，简丹说道："用报纸揉成球，用胶带一粘。"大智补充道："把报纸从中间剪开，先将一半揉成小球，用另一半把它一圈一圈地包裹住，再用胶带一粘就好了。"

△ 利用报纸制作球

孩子们按照这个方法，先将报纸搓圆，再一层裹着一层，最后每个人都做出了一个纸球。

教师思考：幼儿在制作球的过程中进行了分工、合作，为了保证球表面平滑，先将一半纸揉成团，再用另一半包裹保证了球面的光滑度，充分体现了幼儿动脑筋解决问题的思考。

问题2：什么大小的球是合适的？

纸球做好了，可是孩子们发现有的大有的小，大的球合适还是小的合适呢？有的小朋友觉得大的好，有的小朋友觉得小的好，于是孩子们决定试一试。

孩子们发现小的球轻,大的球重,至于哪一个适合玩儿曲棍球,得等到做好球棍才能试一试。

▲ 比较球的大小

教师思考:在这个过程中,孩子们已经有了对产品适宜性的思考,考虑到球与球杆的比例关系,能够进一步聚焦有意义的问题解决。

(2)球棍。

问题1:要做多少根球棍呢?

结合前期经验,孩子们知道进行曲棍球比赛时,两组的人数要一样,最多每组不能超过11人,于是孩子们决定先做22根球棍进行初步测试,如果PVC管球棍好用再根据游戏设定人数增加数量。

问题2:球棍做多长合适呢?

确定数量之后,孩子们在制作过程中又发现问题,曲棍球的球棍做多长合适呢?

幼儿们积极讨论,通过亲身试验曲棍球打球姿势,发现每个小朋友身高不同,因此应该做成长短不一的曲棍球球棍。

▲ 讨论球杆的长短

▲ 比较长短并做上记号

▲ 将多余部分裁掉

教师思考:孩子们根据已有经验,根据身高测量管子的长短,裁剪出最合适的长短进行制作,解决问题的能力也在提高,体现了幼儿开始多维度地思考问题。幼儿的前瞻性思考和亲身试验测试,科学性地解决问题,让幼儿动手解决问题的能力不断提高。

曲棍球棍完成后，孩子们通过以往制作收纳架的经验，很快将击球杆和球杆把手安装好，球棍制作完成。

▲ 装弯头打杆

▲ 装把手

第一根简单的球棍制作完成，孩子们开始测试这根球棍到底是否符合要求。

游戏体验很不错，孩子们迫不及待地按照制作第一根球棍的方法制作下一根，一下午的时间就将其余的球棍制作完成了。

▲ 球棍测试

▲ 制作球棍

（3）球门。

球和球棍的制作已经完成了，接下来就是球门了。孩子根据设计图讨论球门的制作材料，最后决定先用PVC管做球门框架。

▲ 讨论设计图

问题1：球门的高度应该是多少？

球门应该多高呢？"太小进不去""太大也不好"，有人提议："我们可以做像操场的足球门一样大小的。"于是孩子们分头行动，去实地测量足球门的高度。他们使用卷尺进行了测量和比对，记录了相关数据。回来之后，孩子们按照所得数据测量PVC管的长度，并用记号笔在PVC管上做标记，再使用锯子将多余的裁掉。

▲ 测量并剪裁PVC管

教师思考：幼儿已经有意识地使用测量工具进行精准测量，体现了幼儿能够运用工具来解决生活问题。

问题2：如何让球门立起来？

孩子们运用同样的方法剪裁了第二根管子和第三根管子，然后进行球门框的连接。在孩子们配合下，框架很快做好了，可是新的问题又出现了，球门怎么立起来呢？

▲ 连接球门框架

孩子们通过讨论，回忆起之前做美术收纳架时的经验，最终决定给框架底下两条腿各做一个支架，让它能够立起来。

▲ 裁四根一样长的管子　　▲ 组装支架　　▲ 将支架装在框架上

问题3：球门的网子怎么固定？

孩子们开始着手固定球门的网子，PVC管特别滑，刚把网子挂上去就掉下来。孩子开始探索固定网子的材料。有人提议："要不我们用胶枪粘吧，每次什么东西坏了，老师都会用胶枪粘。"

孩子们尝试利用胶枪粘，粘了几下就发现问题了。"网子太重了，刚粘上去，就掉下来。""那是因为胶还没硬呢！""而且一拽就掉了！"孩子们七嘴八舌地讨论着，文文说："要不我们还是用胶带试试？"

▲ 利用胶带固定球门网子

果然，孩子们利用胶带将网子牢牢固定住，开心极了。

问题4：网子太长，怎么办？

网子固定了一半的时候，孩子们发现网子特别长，挨着地的部分特别多。

孩子们商量："根本用不了这么多网子，多余的我们应该剪掉。"于是，孩子们再次测量需要的网子长度，大家将网子平铺在地上，两个人负责将网子拉平，两个小朋友用尺子量好长度，一个小朋友负责剪裁，可是因为网子绳子太粗，根本剪不动，于是寻求老师帮助。最终在老师帮助下，孩子们完成此任务。

▲ 过于长的网子　　　▲ 孩子们动手剪裁网子　　　▲ 在老师的帮助下完成任务

教师思考：孩子们能根据材料的特性选择工具制作，遇到新问题时，能对已有知识经验进行迁移，并主动向老师寻求帮助。

第一个球门做好了，孩子们按照之前的步骤和方法开始制作第二个球门。这一次，孩子们的速度快多了，很快第二个球门就制作完成了。孩子们感叹道："终于成功了，可以用自己做的曲棍球玩游戏啦！"

STEM活动案例篇
健康小达人——运动中的"小"发明

△ 用同样的方法制作第二个球门

△ 讨论并合作制作球门

△ 球门制作完成

教师思考：将设计图上的东西制作出来，孩子们收获了成功的喜悦。教师祝贺幼儿并鼓励幼儿将自己的产品尽快进行测试，孩子们跃跃欲试。

展示交流

孩子们带着自己做好的球棍、球门、球来到操场进行第一次实验，开展了一场曲棍球大赛，在游戏中尽情地奔跑、追逐，享受曲棍球游戏带来的快乐体验。

△ 曲棍球大赛

经过第一次尝试，幼儿发现以下问题。

发现问题1：在激烈的游戏中，很多球棍的打杆部位掉落。

发现问题2：球太小了，不好打。

发现问题3：个别球棍太短，不好打球。

基于这些问题孩子们动手进行改进，重新调整我们的游戏器械，让曲棍球游戏更加有趣和好玩。

△ 讨论游戏体验

反思与评价

在曲棍球项目中，幼儿收集有关曲棍球的信息和设计，进行讨论，最后利用PVC管、报纸等制作球、球棍、球门，分小组完成了任务并进行游戏体验。幼儿们的实践探究和兴趣紧密相连，从设计到制作，从发现问题到解决问题，从失败到成功，孩子们经过一次次的探索、一次次的调整，直至成功。学习就是这样一个螺旋式上升、不断进阶的过程。

STEM活动案例篇
健康小达人——运动中的"小"发明

跨学科核心经验梳理：

项目名称		大班"曲棍球"
科学与工程实践		1.探索曲棍球游戏的规则、场地要求、器械、制作材料及工具； 2.根据设计方案，完成曲棍球、球、球门的制作； 3.根据游戏体验，发现制作曲棍球存在的问题，提出解决方法并解决。
核心概念	科学	1.能结合游戏人数设计符合游戏需要的球棍、曲棍球的数量； 2.感受杠杆原理在曲棍球游戏中的应用。
	工程	1.设计曲棍球游戏所需的材料，画出结构图形，预算所需要的材料，然后完成制作； 2.在游戏体验后对球棍、球进行调整和改良。
	技术	1.利用多媒体、互联网、图书收集曲棍球的相关资料，丰富经验； 2.用锯子、胶带、PVC管、绳网、报纸等工具和材料进行球、球棍、球门的制作。
	社会	1.在制作中，分工合作，主动承担任务，完成曲棍球制作； 2.在游戏体验中，团队协作，初步养成遵守游戏规则的良好品质。
	语言	1.愿意与他人讨论问题，能有序、连贯、清楚地讲述自己的想法和意见； 2.对文字和符号感兴趣，会应用符号进行表征。
	健康	能安全且熟练地使用工具（锯子、胶带、剪刀、胶枪）。
	艺术	绘制设计图时，线条流畅，结构合理，造型生动。
跨学科概念		尺度、测量、数量：能结合班级实际人数，制作符合人数的球棍； 稳定和变化：球棍击打球时，球会产生运动。

小小建筑师——工程中的"多"融合

桥梁建筑师

杨思琦

适合年龄

4~5岁

项目目标

● 了解立交桥的作用,知道立交桥的简单结构及多层互通原理,感受立交桥为人们的生活带来的便利;

● 尝试运用架空、平铺、垒高、延长、交叉等技能,搭建互通式立交桥,用斜坡和转向进行合理连接,表现立交桥的结构及特点;

● 小组合作搭建立交桥,感受同伴合作互助带来的快乐。

STEM活动案例篇
小小建筑师——工程中的"多"融合

项目网络

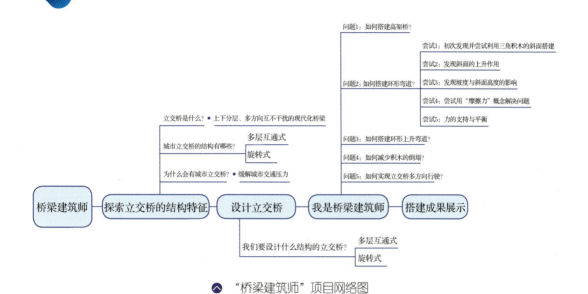

▲ "桥梁建筑师"项目网络图

实施过程

活动缘起

游戏时间,孩子们在建构区搭了十字交叉的两条路,拿着小车子"嘀嘀"地在路上开着,行驶到中间时发生了拥堵,孩子们提出应该修一座立交桥。

基于孩子们提出的想法,教师开始思考是否可以以"立交桥"为内容组织孩子们开展搭建活动。"立交桥"作为一种特征显著的桥梁建筑,里面蕴含了很多关于结构、力学、数学、科学的知识,幼儿能在实践的过程中探索学习相关经验。虽然不知道接下来会遇到什么,但是孩子们浓厚的兴趣会带领教师和同伴们共同投入这场独一无二的探究活动中。

—257

头脑风暴

教师与孩子们交流，了解孩子们目前对立交桥的已有认识，指导孩子们采用多种方式收集城市立交桥相关的资料和信息。多次围绕"城市立交桥"展开讨论，孩子们提出以下问题：

"为什么要建城市立交桥？"

"城市立交桥一共有几层呢？"

"车辆从哪里上去又从哪里下来呢？"

"我们可以搭一个什么样子的立交桥呢？"

▲ "桥梁建筑师"头脑风暴网络图

催化情境

1. 环境创设

带领孩子收集关于桥梁、立交桥的图书和图片、视频资料，展示在建构区，大家一起反复观看和讨论，了解城市立交桥的作用和结构特征。

2. 家长资源开发

教师以"致家长的一封信"的形式，帮助家长了解幼儿在园的活动开展情况，建议家长利用周末

▲ 创设区域环境

带孩子开车到附近的立交桥进行实地探访,让孩子在看一看的过程中了解城市立交桥。

> **致家长的一封信**
>
> 各位家长朋友们:
>
> 　　近期幼儿在班级共同讨论关于"城市立交桥"的相关问题,我们也搜集了很多相关资料,丰富幼儿经验。恰好附近就有一座大型的城市立交——太白立交桥。所以我们倡议各位家长朋友们,利用周末出行带孩子参观一下真实的城市立交桥,观察立交桥的结构特点,感受立交桥带来的交通便利。
>
> 1. 你看到的立交桥是什么样子的?
> 2. 车辆如何在立交桥上行驶?

在后期的探究活动中,我们也围绕需要解决的问题再次进行了实地探访,帮助孩子们有针对性地丰富相关的经验。

工程计划

教师梳理总结出"城市立交桥"中幼儿感兴趣的真实问题,和孩子们讨论后共同制定出具体的工程方案:

设计我的立交桥—搭建立交桥—成果展示

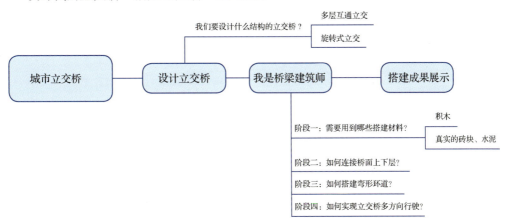

▲ "桥梁建筑师"工程计划网络图

实践探索

1.设计立交桥

幼儿基于前期对立交桥的调查,开始对城市立交桥进行设计。在设计过程中,幼儿还提出了对搭建材料的思考。

2.搭建立交桥

问题1:如何搭建高架桥?

孩子们开始初次尝试搭建立交桥,他们根据立交桥架在空中这一显著特征进行搭建。

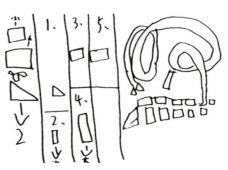

△ 幼儿立交桥设计图

佟佟先用圆柱体积木做支撑架高,然后放置上长方体积木做桥面,还搭出了拐弯路线。而倩倩则尝试将两个半圆拼接在一起,发现可连出一条S型弯道,于是询问佟佟:"你需要这样的积木吗?"佟佟思考了一下回答道:"我们现在是要搭高架桥。"他按照自己的想

△ 幼儿搭建出"架高"型立交桥

法继续搭建,最后搭成了一个用圆柱体架高的环形路面。倩倩高兴地拿着小车在立交桥上行驶,子昂发现了新问题:"我们的小车怎么从桥上下来呢?"

教师思考: 幼儿在初期搭建时已经观察到立交桥架高的特点,并且利用支柱达到架高的目的,但此时他们并未关注到立交桥上下两层互通的问题。基于此种情况,教师和孩子进行了讨论,引导孩子再次观察立交桥,发现双层立交的互通结构。

问题2:如何搭建环形弯道?

立交桥的上下两层该怎么连接呢?孩子们再次观看立交桥的视频和图片,提出利用"环形弯道"连接上下层。

▲ 幼儿搭建出上下分层的立交桥

尝试1：初次发现并尝试利用三角积木的"斜面"

刚开始佟佟直接将弯道积木放置在"桥墩"上，发现"桥墩"和"桥面"之间有空隙，反复调试积木也没有解决。于是她指着图纸对身边的小朋友说："现在这里已经搭好一半了，还有另一半没有搭好，我正在想办法怎么把它搭上去。你们帮我想想办法吧！"尧尧用方块积木做"桥墩"将弯道桥面放在上面。

佟佟："这样搭的是矮的，那高的地方怎么办呢？"

航航："车子走到这里直接上坡会颠，应该用三角积木。"

航航拿着一块三角积木放置在桥面，三角积木直接和底部拼接形成了一段上坡。

佟佟："这个积木是斜着的，我们可以用这个三角形做支撑柱。"

于是佟佟先找到了一块正方形积木做底，将三角积木放在上面形成一个斜面支撑柱。但当他把"桥面"放在"斜面支撑柱"上时"斜面支撑柱"被压塌。

尝试2：发现"斜面"的上升作用

通过佟佟的尝试，大家发现可以利用三角积木的斜面。

▲ 幼儿利用三角积木斜面做支柱

一泓："我们把三角积木放在这里刚刚好。"

一泓利用三角积木的斜面实现平面的坡度上升。但是继续搭建的过程中，孩子们发现前后高度不一致，无法使得前后无缝连接。

佟佟："你们看这里太矮，没办法和后面的路连起来。我们应该换一个积木。"

▲ 幼儿用三角积木斜面搭建斜坡　　　　▲ 幼儿发现前后高度不一致

尝试3：发现坡度对斜面高度的影响

基于"前后高度不一致"的问题，孩子们认为需要更换一块更大的三角积木。

一泓："你们看这种三角积木高度刚好和后面连在一起，我们就用这块积木吧！"

其他小朋友看了纷纷赞同一泓的想法，于是他们更换了一块大三角积木初步实现了上下层的互通连接。

▲ 调整为坡度更大的三角积木　　　　▲ 初次实现双层桥面连通

教师思考：从解决问题的方法来看，孩子利用斜面解决了平面上升的问题。但这样只是实现了连接上下层，并没有实现环形弯道的搭建目标。孩子们没有放弃，继续进行讨论，明确要解决的问题目标，商量解决问题的方法。

尝试4：尝试用摩擦力解决问题

问题再次回归到"环形上升弯道的搭建"。孩子们开始回顾总结之前的探索过程，他们觉得问题产生的原因在于底部的"桥柱"与"桥面"之间太光滑，桥面总是向下滑，根本无法固定。

佟佟："我们没有支撑桥面的柱子，所以立交桥一直滑落。"

航航："我觉得需要增大摩擦力。"

尧尧："什么是摩擦力？"

基于孩子提出的疑问，老师开展了相关的教学活动，帮助孩子理解摩擦力及增大物体间摩擦力的方法，并且为幼儿提供了与摩擦力有关的操作材料（无纺布、瓦楞纸等），支持幼儿探索摩擦力。

航航："老师，我有个办法，给高的（大圆柱形积木）上面加一个东西，把它的摩擦力加进去。"

佟佟："应该是这个样子，我给你们示范。"

佟佟首先剪了一个三角形，发现一个三角不够，接着对比三角积木的大小剪出三个同样大小的三角形。将剪好的三角垫在积木下方，尝试增大两块积木间的摩擦力，发现"桥面"依旧会从"桥柱"上滑落。

▲ 幼儿尝试增大积木间摩擦力

教师思考：从这次幼儿的尝试中，发现幼儿开始针对问题迁移生活中习得的科学经验。教师对孩子提出的想法及时给予支持，鼓励孩子不断试误。

尝试5：力的分解与平衡

幼儿在发现摩擦力并未起到作用后，开始思考新方法。他们在弯道两侧及底部堆积了大量的积木用于支撑住弯道，但是此时也发现解决问题的重点已经由"搭一个旋转上升的弯道"变成了"如何支撑住弯道"。

航航："我看哪个地方需要增大摩擦力？"

一泓："先别增，先看看哪个地方滑。"

老师："为什么这个桥面一直在倒塌呢？"

▲ 幼儿使用积木支撑住弯道

航航："因为这个角不稳固，所以桥面老滑落。"

佟佟："要给这个角的地方加固。"

一泓："我觉得我们应该用积木把这里全挡住，这样弯道就不会从这里的空档掉下来了。"

教师思考：航航提出了不稳固的原因在于整个桥面的支撑点都在长方形积木的左下角，这反映出孩子发现了物体的承重与重心之间的关系。

问题3：如何搭建环形上升弯道？

多次的尝试宣告失败，孩子们纷纷发出"好难啊"的感叹。于是老师和孩子们一起总结梳理之前的活动，请孩子们结合自己的生活经验想想还有什么解决方法。

明明："我们可以用水泥和砖头，这样立交桥就不会倒塌。"

佟佟："可是在教室里怎么用水泥砖头啊？"

一泓："我爸爸说可以用一个个的三角积木连起来做一个大斜坡。"

原来一泓因为没办法搭建出立交桥环形弯道的问题十分苦恼，于是回家和爸爸妈妈说起这件事，他爸爸提出这样的一个方法让他在幼儿园试一试。听了一泓讲述的方法，班级里大部分小朋友觉得可行，决定试一试。

▲ 幼儿成功搭建出环形上升弯道

在实践中幼儿发现逐渐增加支柱高度，确实可以使得三角形斜面连续连接，实现搭建"环形上升弯道"的目标，这让孩子们十分兴奋。

佟佟："我们终于成功啦！快看我们的弯道搭好了。"

此时一泓手拿小汽车在搭建好的环形弯道上行进，发现拐弯处上下层的间距过近，玩具车无法通行。

一泓："你们看，这里太矮了，车子根本开不过去。"

佟佟："那我们把这个地方的支柱换成低一点的试试吧！"

STEM活动案例篇
小小建筑师——工程中的"多"融合

孩子们拆掉之前的支柱和桥面，重新搭建合适高度的桥面。

▲ 幼儿调整弯道间距

教师思考："如何连接上下层桥面？"是孩子们在搭建过程中最耗时，也最困难的问题。他们尝试了很多方法，经历了很多次失败，以至于到后来孩子们纷纷感叹"太难了"。但是最难能可贵的是，这些孩子在这个过程中一直坚持尝试，不因困难而放弃，这种坚持是非常难得的学习品质。且孩子们全身心投入到问题的解决中，将游戏与生活结合，回家后也在不断地思考和总结，在探究中检验自己的成果。

问题4：如何减少积木的倒塌？

立交桥的"施工"规模越来越大，可是在搭建过程中总会因为一些不小心的触碰导致整个桥面的坍塌。

在反复的实验和对比中，孩子们发现了减少积木倒塌的规律：

▲ 幼儿发现积木易倒塌

（1）单独的支柱要摆放在桥面的正中间位置才能支撑住整个桥面。

（2）在桥面前后两端各放一个支柱会比单独在中间放一个支柱更加稳固地支撑桥面。

（3）多块积木累加的支柱会比单根积木做支柱更容易倒塌。

幼儿在反复的实践中探索发现了物体的重心与平衡之间的关系，知道了支撑柱在同一块积木下的不同位置对桥面的稳定性会有影响。

教师思考：幼儿在反复的实验中发现了物体摆放重心与平衡的关系，获得相关科学经验的同时，解决了搭建的问题。

问题5：如何实现立交桥的多方向互通？

立交桥的建造目的在于缓解城市的交通压力，所以立交桥在设计时要考虑车辆多方向的互通行驶。搭建到分岔路口时，孩子们之间产生了不同意见。

佟佟："我觉得用这种分岔弯道积木更好，刚好可以分成两条路，车子可以走不同的方向。"

一泓："用这种十字积木更好，它可以分出更多的路。"

佟佟："我们的设计图上面没有前面的路了，你这样和我们的图都不一样了。"

最终尧尧和航航对比图纸，商讨后更赞同佟佟的想法。在接下来的搭建中，孩子们分成了两组，分别负责左、右两边不同的道路搭建。

在搭建中孩子们还对环形弯道进行了改造，拉升了弯道的长度，让转弯处的坡道变得更平缓。

老师："这里的弯道为什么要这样修改呢？"

航航："爸爸开车带我去立交桥的时候，我看到的弯道就是这样的，长长的，从下面一直走上来的。"

一泓："从这里开始要下降了，桥柱不能再用这种长方形积木了。"

▲ 幼儿搭建多方向通行立交桥

佟佟："要不我们用纸筒自己做吧！就像这样量一下，剪下来一样高的纸筒就可以了。"

一泓："可是你看一样高的话，后面就连不上了，而且纸筒太轻了，桥会倒的。"

一泓："我们把积木横着叠起来就好了。"

▲ 幼儿自制纸筒支撑柱

▲ 幼儿搭建完成的立交桥

STEM活动案例篇
小小建筑师——工程中的"多"融合

教师思考：孩子在反复的搭建中，搭出的立交桥更加合理，与实际立交桥契合更高。在这个过程中，孩子们考虑到立交桥互通的功能，幼儿积极动脑，体现了孩子们深度学习的过程。

展示交流

在实践活动中幼儿通过反复的调试和改进，最终取得成功。为此幼儿都十分高兴，他们在区域中展示自己的搭建成果，并进行区域游戏，满足自己的游戏需求。参与项目的小朋友还积极向其他没有参与的幼儿分享自己的经验，邀请小朋友加入游戏之中，共同体验游戏的快乐。

▲ 幼儿进行成果展示

反思与评价

STEM教育强调幼儿对问题主动地思考、探究。孩子们在活动中萌发问题意识，寻找问题，思考问题，运用多种学科经验解决问题。比如在搭建立交桥活动中孩子们感受到物体的重心与重力，尝试使用材料增大桥面的摩擦力，发现积木长短、大小之间的倍数关系，并学习利用工具、技术获得相关经验解决问题。在整个过程中都是孩子在自主发现与实践，他们通过操作不断总结经验，在一次次的挫折和失败中不断地挑战自己，获得成功。

在活动过程中，不仅有老师对孩子的支持，还有家长们的支持。活动初期，幼儿在家长的陪同下参观太白立交桥，孩子们观察到真实的城市立交桥，对活动的主题有了初步的认识。幼儿放学回家后与家长讨论当天的活动，家长帮助幼儿拓展思维。幼儿园的课程不是只停留在园所，而是进入幼儿的生活，联系幼儿的生活。

活动不仅促进了幼儿和家长的亲子关系，也让家长更加全面地了解了幼儿园的教育理念，为良好的家园共育打好基础。只有家长理解幼儿园的教育，才会支持我们的教育，活动才会更加有效地促进幼儿的学习和发展。

跨学科核心经验梳理：

项目名称		中班"桥梁建筑师"
科学与工程实践		1. 积极动手实践搭建立交桥，在试误中提升相关经验并解决搭建中的问题； 2. 能够结合工程实践的需要设计自己要搭建的立交桥，用绘画的方式记录自己的操作过程和想法。
核心概念	科学	1. 感受到物体的稳定与重心的关系； 2. 探索材料间的关系，发现增大物体间摩擦力的方法； 3. 发现斜坡的作用，并且运用斜坡解决实际遇到的问题； 4. 能选择合适的材料进行搭建； 5. 发现积木之间的长度、高度倍数关系，实现桥梁支柱高度的递增、递减； 6. 利用自然测量及对比测量的方法选择合适的积木。
	工程	1. 结合搭建过程中遇到的问题，不断调试、改进，最终达成目标； 2. 增强小组合作，进行头脑风暴，集思广益，制定合理的工程方案。
	技术	1. 尝试运用多种方法查询、了解立交桥的信息； 2. 利用现有材料组合、制作所需工具以解决遇到的问题。
核心概念	社会	1. 在搭建立交桥的过程中主动承担任务，愿意向同伴学习； 2. 在搭建立交桥的过程中能与同伴分工合作，遇到困难能一起克服。
	语言	1. 能用简单的图画和符号表达自己对立交桥的设计思路与想法； 2. 尝试用自己的理由和策略说服同伴接受自己的想法和思路； 3. 在实际搭建过程中能主动提出自己的疑问与他人讨论，敢于在众人面前表达。
	健康	1. 尝试根据需要画出简单的立交桥图形，且保证线条基本平滑； 2. 逐渐提升手部小肌肉的控制能力，完成立交桥的搭建。
	艺术	能用绘画或手工制作等方式表现所观察到的立交桥。
跨学科概念		1. 结构与功能：斜坡用来连接桥面和地面，实现弯道上升； 2. 因果关系：为了缓解交通压力，方便人们生活，立交桥应运而生。

古老的钟楼

胡 晶

适合年龄

5～6岁

项目目标

● 认识西安古建筑——钟楼，了解钟楼的历史、作用及建筑风格，萌发热爱家乡的情感；

● 尝试制订搭建计划，综合运用围合、垒高、平铺、架空等搭建技能表征钟楼造型，表现钟楼独特的建筑结构，提升空间思维，感受平面与立体的关系；

● 学会尊重同伴的观点和想法，不断提升合作意识，体验合作搭建成功带来的喜悦。

STEM 小玩家
幼儿园 STEM 教育实践

项目网络

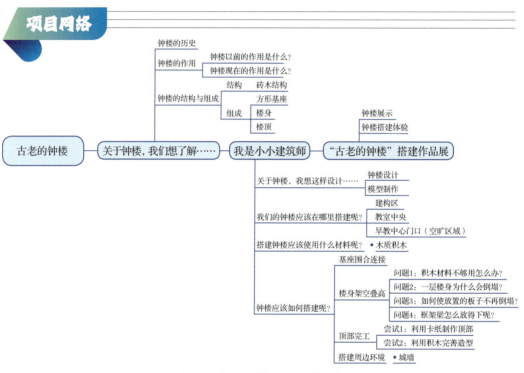

▲ "古老的钟楼"项目网络图

实施过程

活动缘起

最近班级里正在开展"爱家乡"的主题活动，孩子们总是哼着《西安人的歌》，并针对歌词里的内容展开讨论。捕捉到孩子们的这一兴趣点，我们决定开展"古老的钟楼"项目活动，与孩子们一起了解并探索西安的古建筑。钟楼是西安的地标性建筑，通过了解钟楼的历史、作用及建筑风

▲ 我的西安、我的城

格，知道钟楼是西安的城市符号。

头脑风暴

孩子们和家长收集了许多介绍钟楼的图书和视频，观看后我们展开对"钟楼"的集体讨论，将问题和思考梳理成网络图。

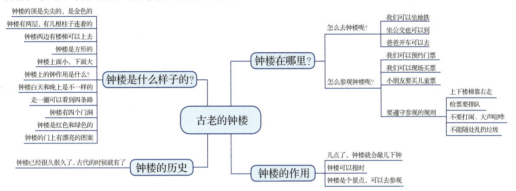

▲ "古老的钟楼"头脑风暴网络图

讨论过后，孩子们对钟楼更加感兴趣，都争先恐后地想要搭建钟楼。

催化情境

我们和家长一起为孩子们丰富经验，准备搭建材料，创设真实的搭建情境，激发幼儿参与搭建活动的兴趣，调动幼儿对钟楼项目的参与热情。

1. 实地探访

孩子们通过访问家长、网上搜索等调查了解了钟楼的相关信息，并将自己的调研结果进行分享交流。

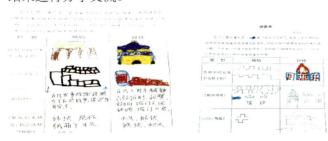

▲ 调查表

▲ 调查结果分享

— 271 —

我们邀请家长陪同孩子带着自己的问题去实地参观钟楼、城墙，丰富孩子们对钟楼的认识，激发他们的搭建愿望。

▲ 实地参观

倡议书

☆ 我的西安，我的城 ☆

尊敬的各位家长和小朋友：

国庆节将至，孩子们打算给祖国妈妈献礼，于是我们开展"我的西安，我的城"STEM项目活动，与孩子们一起更加直观的了解探索西安的建筑物，尝试搭建钟楼。让小朋友们感受中国古建筑的伟大，培养幼儿作为陕西人自豪感。因此，我们特发出倡议：请各位家长朋友利用周末和孩子做以下事情：

1. 参观钟楼及陕西其他古建。
2. 了解钟楼的历史和意义。
3. 熟悉钟楼的结构特点。
4. 认识不同的搭建材料。

请各位家长和孩子积极响应班级倡议，给予此次活动支持，为后续孩子们开展项目活动做经验铺垫，谢谢合作。

▲ 班级倡议书

2.环境创设与家长资源开发

我们动员孩子们和家长共同收集大量材料投放在材料超市，如纸杯、奶粉桶、水瓶、薯片桶、PVC管等同样规格的辅助性材料。

在主题材料区，我们提供了建筑模型、仿真古建筑拼装模型、仿真砖、积木等材料，并随着项目活动的开展，不断更新和丰富。

▲ 材料超市——基础材料

▲ 主题材料

工程计划

结合前期活动经验，教师组织幼儿围绕搭建活动再次进行了讨论，梳理出"钟楼"项目中可能会遇到的实际问题，如：

（1）我们应该如何设计钟楼？

（2）我们的钟楼应该搭建在哪里？

（3）什么材料是最适合搭建钟楼的？

（4）大家应该如何合作分工搭建钟楼？

（5）楼身、飞檐、钟楼顶部该如何体现？

根据以上问题，我们共同制定搭建钟楼的方案：

钟楼设计—项目选址—材料探索—合作搭建—项目展示

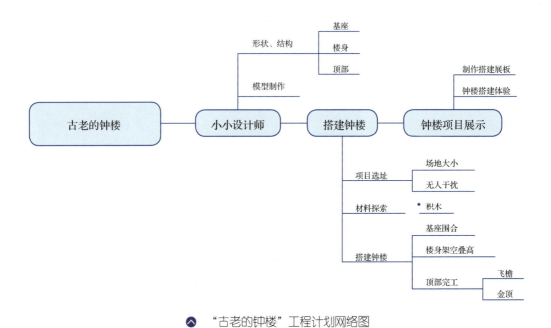

▲ "古老的钟楼"工程计划网络图

 实践探索

我们的钟楼，我想这样设计……

孩子们首先想到要画一张钟楼的建筑图纸。

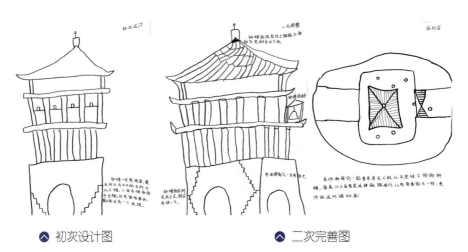

▲ 初次设计图　　　　　　　　　▲ 二次完善图

STEM活动案例篇
小小建筑师——工程中的"多"融合

每个孩子都根据自己的调查画出了钟楼设计图，通过投票表决，孩子们决定根据蜜儿的设计图进行搭建，因为她的图最清晰完整。

蜜儿："我跟妈妈参观的时候，讲解员阿姨说钟楼一共有两层，两边有长长的台阶可以上楼，钟楼上有很多柱子支撑，还有很多窗子。最上面还有一个金色的顶，而且顶的四角都是向上翘的。我看到无人机拍的钟楼上的瓦都是斜着像一条条线一样的，从正面和侧面看到的也是不一样的。"

教师思考：在初次设计时，幼儿画的只是单一的主视平面图。在第二次调整时，幼儿关注到钟楼的细节构造，在设计图中表现了立体透视的关系，关注到钟楼是一个三维立体的建筑。由此可见，幼儿的空间方位和绘画水平都有了明显的提升。

▲ 迷你钟楼

周末时间，孩子们和爸爸妈妈在家动手制作钟楼模型，对钟楼的结构更加清晰，再次丰富搭建经验。

我们的钟楼应该在哪里搭建呢？

我们的钟楼要搭多大的？要在哪里搭建呢？孩子对搭建场地展开调查和讨论。

喆喆："我们可以在建构区搭建，建构区还有很多积木。"

嘟嘟："对的，我们经常在建构区搭建。"

依依："我们每个小朋友都要搭建钟楼，建构区太小了，每次进去三四个人就满了。"

孩子们在建构区尝试搭建之后发现，建构区地方太小了，也不能容纳很多小朋友进去，

▲ 作品介绍

不适合搭建钟楼。

町町:"在教室中间搭建,这边地方大一些。"

嘟嘟:"每次还没搭好就要被推倒,这个地方不合适,而且总有小朋友过来碰到它。"

蜜儿:"我们需要找一片没有人,也不用上课的空地。"

小小马:"我们搭建的地方一定要很大很大。"

孩子们在幼儿园实地考察,发现早教中心门口有一片很空旷的地方,并且离我们教室很近,孩子们提议道:"老师,我们在这里搭建吧。"

十六:"这个地方好大呀,搭钟楼肯定够了。"

依依:"离教室近,我们可以把教室积木都搬出来。"

思雅:"在这里可以搭建一个大大的钟楼,这样我们还能去搭好的钟楼里面去玩儿。"

于是,在全班小朋友的提议下,我们决定将项目搭建地选在早教中心门口,这个地方满足孩子们搭建活动的需求,而且离班级近,方便拿取积木,能保证我们的搭建不受干扰。

搭建钟楼使用什么材料合适呢?

根据以往的搭建经验,孩子们选择木质积木作为搭建材料。

喆喆:"我觉得积木块结实、牢固,而且它有各种形状,我们可以用所有的积木一起拼。"

▲ 建构区积木搭建

▲ 教室中间场地

▲ 选址早教中心门口

▲ 木制积木

嘟嘟："我们去参观的时候，钟楼的墙就是这样交叉垒的。"

堂堂："明明这样对整齐也可以呀。"

嘟嘟："那你试着抽下面的积木，你抽一个它就全倒了，但是我这种方法就不会。"

▲ 单横排和双横排的积木交错堆叠更加稳固

教师思考：在搭建中，孩子们针对方砖积木的垒高方法进行了讨论，经过实验对比，发现交替搭建是更稳固的垒高方法。在操作中，他们能主动听取同伴意见，进行商量、讨论，并能主动调试自己的搭建方法和策略，搭建技能在相互学习讨论中得到提升。

钟楼应该如何搭建呢？

活动一：钟楼有4个门洞

钟楼搭建正式开始，孩子们通过团队协作很快将钟楼的正方形基座搭建完成。

在进行简单的围合后孩子们发现没有进出口，橙儿说道："这样不对，没有出口可怎么进呀，快拆了重新搭！"言延提议道："快看看我们的设计图！"

▲ 初次围合搭建

仔细对比设计图后，孩子开始进行拆除。汉汉感叹道："我们都忘记了钟楼东、西、南、北每个面都有门洞，可真是粗心！"蜜儿："是的，而且门洞都在正中间。"原来钟楼的每个门都形状相同且中心对称，孩子意识到应该选择同样形状的积木进行搭建。

活动二：钟楼二层的搭建

问题1：积木材料不够用，怎么办？

钟楼的基座搭建完成后，小朋友们开始搭建楼身的第一层。楼身第一层的建构在基座的基础上再次进行围合、垒高。

▲ 基座搭建完成

搭建活动才进行到一半，孩子们发现班级积木不够用了，橙儿着急地说道："四倍块积木没有了，怎么办？"召召也回应道："我们还需要更多四倍块呢！"这个时候只见蜜儿拿了几块积木一边拼一边说道："我有一个好主意，你们看两个双倍块拼起来就是四倍块，我们有很多双倍块呢！四个基础块拼起来也是四倍块，这不就好了嘛！"

▲ 楼身垒高

▲ 积木块之间的倍数关系

于是孩子们开始寻找替代材料并尝试均分已有材料，探究积木之间的倍数关系：两个小方块可以拼一个基本块，两个基本块可以拼一个双倍块，两个双倍块可以拼一个四倍块……孩子们发现了单元积木的倍数关系并积极地运用到实践中，把下层密集使用的双倍块调整为两个基本块组合，解决了材料不足的问题。

教师思考：孩子们发现积木块不够时，通过均分和组合，图形的分解和互补的概念已经逐渐清晰。

接着小朋友们用二方柱体拼接再加一个小方块积木做框架柱，用中间镂空的方式搭建楼身，并多次对比框架柱高度，目测调整统一。

一层楼身搭建完成后，孩子们发现没有合适长度的积木搭建一层楼顶，这可把他们急坏了。孩子们四处寻找材料，碰巧发现材料超市里有很多大小不一的纸板，便打算拿纸板给楼

▲ 目测框架柱高度

身一层封顶。可是纸板的大小和一层楼顶的大小并不匹配，孩子们便对比搭建好的钟楼的长和宽动手剪裁，将剪裁好的纸板放置在框架柱上封顶。

▲ 剪裁纸板

问题2：一层楼身为什么会倒塌？

孩子们将剪裁好的纸板放置在已搭好的框架柱上，不一会儿就听到"哗啦"一声，整个楼身全部坍塌。孩子们很困惑，刚才不是还好好的吗？

讨论：我们的楼身为什么会塌呢？

臻臻："因为硬纸板不平，太沉了。"

橙儿："我们的柱子太细了，支撑不住纸板。"

及照："因为我们的积木摆得不稳。"

接下来孩子们决定到其他班级去寻找更适合做楼层的板子及其他合适的材料。与其他班级小朋友协商后，我们搜集到了表面平整光滑的KT板、拱门形状的积木、大型圆柱积木等。孩子们开心地说："这个大圆柱积木肯定能支撑住板子的重量。"

嘟嘟："KT板很平，放上去积木肯定不会倒，而且大小感觉刚合适。"

臻臻："KT板很大，我们都不用剪裁，也不用把它拼一起，轻轻的，不会把积木压倒。"

橙儿："大圆柱体积木很粗，大小都一样，每个角都放一个的话，就会把板子撑住了。"

▲ 寻找新材料

问题3：如何使放置板子不再倒塌呢？

再次搭建前，孩子们就如何使放置板子不再倒塌这个问题展开讨论。

鱼儿："四个角必须有大积木支撑。"

橙儿："要给中间也放一个，这样板子中间不会塌，我们可以用这个框子试一试。"

蜜儿："那两边也需要加固，所以我们需要好多根圆柱积木。"

孩子们利用新材料进行搭建调整，将二方柱拼接的立柱全部替换成大圆柱体积木，并利用道具测试板子的结实度和圆柱体的稳定性。

橙儿："我们先把框子放在板子上面试试看会不会倒塌，因为我觉得这个板子有点软。"

臻臻："板子中间变低了，怎么办呀？"

橙儿："快再拿几个大圆柱积木支到中间，这样才能稳固。"

孩子们用新的方法和材料搭建了一层顶层，完成一楼顶部搭建，一层顺利封顶了。

▲ 利用框子测试其稳固性

STEM活动案例篇
小小建筑师——工程中的"多"融合

△ 增加框架柱

△ 用KT板做楼板

△ 可承重的楼板

二层搭建时孩子们的速度快了很多,特别是针对积木的选择,大家意见也相对统一,可是新的问题又出现了……

问题4:框架梁怎么搭平稳呢?

小朋友们尝试用二方柱做框架梁,可是发现两列积木之间的距离已经超过了用于做框架梁的二方柱的长度。允淇郁闷地说道:"天哪,这可怎么办才好呢?"

△ 孩子们的问题与解决记录

(1)第一次尝试。

孩子们不断尝试,左边推一推,右边挪一挪,可是还是放不下。这时只见蜜儿经过目测后,将其中一面的积木往里推了推,旁边积木就可以放下了。接着她又拿了一块二方柱放在框架柱上,可是因为一边的积木已经移动,其他位置的积木也发生了改变,突然整个二层坍塌。

△ 调试框架梁摆放位置

(2)第二次尝试。

接着孩子们继续将整体框架搭起来,经过多次探索和调整,蜜儿终于明白了要"兼顾两边"的道理。最后,她用所有的二方柱将积木之间的距离全部测量一番,调整好所有积木的距离,将搭建框架梁的积木两头分别放置在框架柱的中心位置,最终取得成功。小朋友们也

△ 框架柱坍塌

露出来喜悦的笑容。

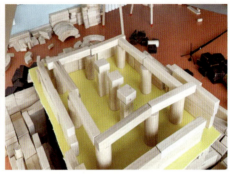

△ 二层整体框架完成

二楼封顶时，孩子们发现二楼楼板需要的材料是一块小长方形的板子，于是在材料区寻找。橙儿说："其实我觉得纸板也可以，只是我们上次的纸板一点都不平。"蜜儿说道："那我们这次找结实一点、平一点的纸板，这样就能支撑得住了。"孩子们通过仔细对比，找到两块纸板，将它们拼在一起大小刚合适，于是二楼封顶了，并且效果良好。

△ 二楼封顶

教师思考：幼儿在搭建中已经能运用长积木作为标尺方法确定框架柱之间的距离，保证框架梁的稳定和合理分布，如幼儿拿着二方柱对框架梁之间的距离进行测量，确定距离后再进行摆放。同时根据积木间的倍数关系，使用替代材料。从具体的建构行为来看，幼儿能够有计划、有目的地深入思考，并能持续完成钟楼的搭建活动。

活动三：搭建钟楼顶

尝试1：利用卡纸，制作顶部

钟楼的基座和楼身已经完成了，孩子们开始期待楼顶屋檐了。钟楼顶是四角攒尖式飞檐，这样的造型如何展现呢？思雅提议道："我们可以用卡纸，我们在家做模型的时候就是用的卡纸。"茜茜也附和："是的，爸爸剪了好几个三角形，把三角形的角减掉然后拼到一起就像钟楼的顶了。"于是孩子们计划用卡纸来制作顶部。

剪裁卡纸

孩子们将卡纸剪裁成四个大小一样的三角形，将三角形的一个角统一剪掉，三角形就变成了梯形。接着在区域里找了一个圆盘子，拓印画出了四个大小相同的圆并进行剪裁，用四个圆片组合展现顶部，再将四个梯形组合拼成立体图形，用胶带粘牢，底部折出飞檐的造型，简单的楼顶就完成了。

放置钟楼顶部

初次完工

尝试2：表现钟楼古建筑的飞檐特征

孩子们感觉用卡纸做的楼顶造型对钟楼的飞檐特点表现得不是很明显，于是再次与钟楼图片对比，寻找材料，探索对飞檐的改造。首先通过调整积木块，改进二楼楼身和层板，使得建筑物更加稳固和美观。

▲ 调整材料，更换积木

接着小朋友们发现1/4圆积木倒置时更像上翘的飞檐，于是利用大量1/4圆积木搭建飞檐，再加盖楼顶，使飞檐的建构特点更加突出，最终完成钟楼搭建。

教师思考：封顶过程中，根据前期经验和日常观察，孩子们能迅速结合飞檐这一特点对顶部进行表征，由此可见他们的

▲ 突出飞檐特征

表征能力有显著提高。初次建构后，幼儿不满足单一的卡纸造型，再次寻找合适积木进行造型，既表现了飞檐的艺术形式，也使搭建的钟楼更加稳固和美观。

展示交流

在项目活动告一段落后，孩子们在幼儿园大型国庆主题活动中展示了自己的成果，通过制作展板梳理介绍了整个项目中自己在实地参观、设计、搭建等环节遇到的问题以及解决办法，吸引了许多小朋友来参观体验。孩子们也深深地为自己的"建筑

STEM活动案例篇
小小建筑师——工程中的"多"融合

创举"而自豪。

钟楼完工

城墙搭建

国庆活动中钟楼项目展

 反思与评价

该项目结束后，孩子积极反思活动过程，完成了项目自评表，将自己遇到的问题、解决办法记录下来，再次总结经验。

在钟楼搭建项目中，孩子们运用了多领域的经验和知识达成目标，通过实地探访（调查、访问）和查阅资料（图书、视频、图片）了解了钟楼的历史、结构、作用（社会、数学、技术）；通过绘制钟楼平面、俯视设计图，进一步了解钟楼的结构（数学、艺术、工程）；在搭建过程中孩子们合理分工、积极配合（社会交往），运用了力与结构的知识解决了建筑物稳定的问题，利用数学等量代换、对称、模式、图形分解等知识解决了材料不够、钟楼顶部的搭建的技术问题；在体验日孩子们通过展板和搭建作品向

— 285 —

全园师生分享项目活动中遇到的问题和解决问题的方法（社会、语言、艺术）。

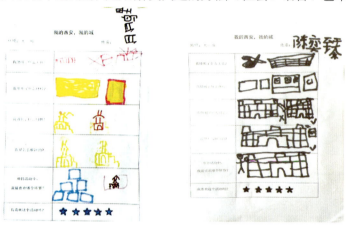

△ 幼儿自评表

整个"钟楼"活动的开展源于幼儿的兴趣点，幼儿依据自身的需求和经验，与同伴合作完成"搭建钟楼"的任务，有机融合了科学、技术、数学、语言、艺术、社会等领域知识和经验。

孩子们在动手操作和实践探究中实现了多领域跨学科经验的习得，像一个真正的工程师一样设计并完成项目。作为老师，我们要识别幼儿不同阶段的需要，鼓励幼儿提出问题、制订计划、动手实践，寻找解决问题的方法，在关键环节和幼儿遇到困难时，给予适当的引导和推进。

跨学科核心经验梳理：

项目名称		大班"古老的钟楼"
科学与工程实践		1.通过了解钟楼的结构特点，运用力与结构的知识解决了搭建钟楼的建构问题； 2.根据设计图，发现搭建过程中的问题，在试误中提升相关经验，最终搭建成功； 3.能通过设计—搭建—调整这一完整的工程过程，帮助幼儿形成初步的工程思维。
核心概念	科学	1.感知钟楼的建筑结构特点； 2.探索搭建材料的特性：形状、大小、颜色、轻重、质地等； 3.在搭建活动中探究力的平衡与稳定； 4.运用模式表征表达城墙的独特结构； 5.利用等量代换、对称、图形分解等知识解决搭建中的问题。
	工程	1.通过实地考察和资料搜集，绘制钟楼设计图； 2.制定钟楼搭建方案，对搭建钟楼有整体的规划和搭建想法。
	技术	1.学习使用互联网、图书、调查表、实地探访等查找关于陕西古建筑、钟楼的信息； 2.利用工具（问题墙、剪刀、尺子、笔）记录、解决钟楼搭建中遇到的问题。

核心概念	社会	1. 活动中主动承担寻找材料、运输积木、钟楼搭建等任务，愿意向同伴学习； 2. 萌发对家乡古建筑的热爱之情。
	语言	1. 能清楚表达自己的观点，并阐述自己的理由； 2. 能围绕"钟楼"主题，提出自己的问题，并倾听理解他人意见。
	健康	1. 能用笔根据需要画出钟楼设计图，线条基本平滑； 2. 能沿轮廓线剪出由曲线构成的简单图形，边线吻合且平滑，如楼板的剪裁、钟楼顶部造型制作； 3. 能共同合作对各种形状的积木进行创造性组合，动作协调地进行搭建活动； 4. 能保持愉快的情绪参与搭建活动，愿意与他人分享快乐。
	艺术	1. 感受陕西地方特色音乐的美； 2. 乐于收集陕西的民俗或向别人介绍美的事物； 3. 能通过绘画表现钟楼这一建筑物的造型特点，体验设计的乐趣。
跨学科概念		1. 因果关系：在搭建中感受钟楼结构之间的关系，一个部分的改变会引起另一个部分的改变； 2. 结构与功能：框架柱在钟楼搭建中起支撑作用，门洞是连接钟楼内外的重要通道。

小小停车场

王 聪

适合年龄

5~6岁

项目目标

- 了解地下停车场内部空间布局、基础设施、人员分工等基本信息；
- 在建构游戏中，解决停车位大小、安全行驶、车辆进出等问题，最终基本实现停车场车辆有序停放；
- 运用平铺、围合、垒高等搭建技能，尝试搭建小小停车场，感受积木支撑位置与停车场稳定性的关系；
- 感受解决真实问题的愉悦感，体验合作探究的乐趣，喜欢建构活动并乐在其中。

STEM活动案例篇
小小建筑师——工程中的"多"融合

项目网络

```
                                              门房有什么作用?
                                              门房里面有什么?
                    我的调查                    升降杆是如何运作的?
                    我的记录：照片，视频          尝试制作升降杆
小小停车场 — 停车场的功能有哪些? — 停车位怎么设计? — 停车场进出口有什么? — 多层停车场是怎么设计的?
                              我的设计图                              观看视频
                              我想要这样玩…                            教室里的初步尝试
                              户外游戏体验                              亲子小制作
```

▲ "小小停车场"项目网络图

实施过程

活动缘起

建构区一直是孩子们自由想象、探索搭建的乐园。那天建构区迎来一段激烈的讨论。小朋友搭建了一个全封闭的建筑物，上面留有一个小出口，出口外是一个斜坡，逐渐到地面。

"这是我们搭建的停车库呀！"赳赳说。

"车怎么取出来呢？"王老师问。

他把手伸进，拿出一辆小车，大声说道："滴滴，出来了！"

▲ 停车场第一次搭建图

旁边的人立马说道："停车场不是这样的。"

"对，车是开出来的，不是用手直接拿出来的。"壮壮说。

"而且你不知道拿出来的是哪个，停放位置也不知道。"仔仔说。

孩子们认真而又激烈地讨论着停车场里面到底是什么样子的，车辆在里面又是怎么停放的。我们围绕着孩子们的问题展开了探索。

— 289 —

头脑风暴

教师让搭建的小朋友分享搭建过程，组织小朋友一起讨论。

我们将建构区的作品拍成图片，让搭建人员分享自己的搭建过程，并与全班幼儿一起讨论，调动幼儿的已有经验。

老师："你们去过停车场吗？请你说一说里面是什么样子的。"

仔仔："去过，就是停车场有一个门房，如果小偷进去，偷完东西再出来，没有门房就不安全。"

乐乐："停车场是有固定车位的，这样利于保安管理。"

昕昕："停车场外面有一个房子，就是里面有可以看见车牌号码的那个东西，有摄像头。"

乐乐："有B区，有A区，还有人行横道。"

赳赳："那为什么有的楼上还有那么多的管道？"

针对孩子们的分享，我们梳理了头脑风暴网络图。这一阶段的网络图中孩子们的思维更加发散，关注的点更多，更多的是思想的碰撞和交流。

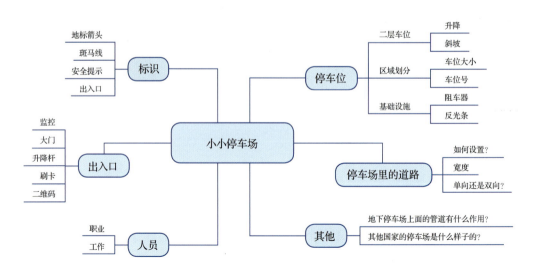

▲ "小小停车场"头脑风暴网络图

STEM活动案例篇
小小建筑师——工程中的"多"融合

基于孩子们的讨论，我们发现孩子们的经验零散而不聚焦，我们就首先要解决的问题进行探究，即如何让车安全地从指定车位开出。此时需要教师梳理出幼儿共有的具有一定探究价值的问题：如何安全停放车辆？停车位是如何划分的？

催化情境

1.实地探访

在集体讨论中，我们搜集了一些关于停车场的图片，有地下的，也有地上的。孩子们提出了很多关于停车场的问题：停车场里面有什么？车是怎么停放的？同时分享了他们之前同父母去停车场停放车辆的经验。我们又去附近的停车场进行了考察，学校附近的小区具有地上停车场和地下停车场两种类型，设施设备较健全，为我们深入研究提供了真实、便捷的场所。后期在搭建活动中，我们还可以随时通过分小组探访、亲子探访、师幼共同探访等组织方式，围绕不同的问题进行调查研究，如停车位上有什么，升降杆是如何工作的等。

▲ 幼儿实地探访

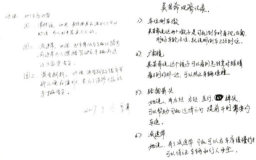
▲ 幼儿实地探访观察记录

第一次实地探访，家长带幼儿在家周边的停车场进行调查，围绕如何停放车辆、停车场里有什么等问题，通过孩子表述、家长记录的方式开始调查研究并记录发现。

2.班级环境

提供相关的停车场设计的图书、绘本和真实停车场的照片，帮助幼儿构建自己的认知；提供各种规格的纸板、纸盒、奶粉桶等满足幼儿建构停车场的需要，提供小

— 291 —

车、小人、小树等用于建构完成后的角色游戏；工具区提供铅笔、水彩笔、尺子、双面胶、胶水等，有助幼儿利用工具有效地操作、改造材料。我们在建构区旁边创设了一个设计角，投放纸、笔等物品，满足幼儿建构游戏前设计建构图纸的需要。

△ 班级区域环境　　△ 高结构玩具　　△ 高结构玩具　　△ 停车场相关书籍

△ 一定规格的纸板等隔板材料　　△ 交通标示　　△ 幼儿自主设计区　　△ 汽车玩具

工程计划

教师筛选出孩子们提出的具有STEM学科经验的"真"问题，以幼儿共同经验出发，围绕停车场的基本属性即如何安全有序停放进行探究，制定工程方案。

主要解决的问题：

（1）停车位怎么设计？

（2）进出口怎么设计？

（3）多层停车位是如何设计的？

本项目活动以问题为导向，以小组合作的方式为途径，以模拟真实停车场为目标。

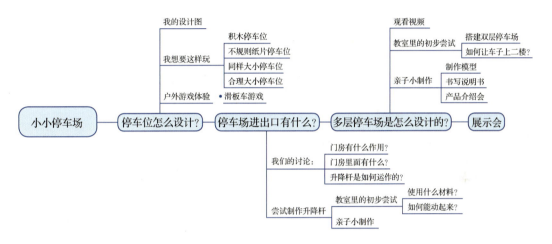

▲ "小小停车场"工程计划网络图

 实践探索

围绕小小停车场项目工程方案中的主要问题，该环节从停车位、出入口、二层车位这三个方面来进行阐述。

阶段一：停车位应怎样设计？

通过实地探访和绘画，孩子们记录了自己眼中的停车场、停车位是怎么设计的。在进行实地观察、拍照记录后，孩子们一起分享了自己的发现。停车场的主要功能就是停放车辆。那停车位都有哪些要求呢？又是如何搭建的呢？孩子们进行了一系列的尝试和体验，在活动中不断提升经验。

1. 我设计的停车场

孩子们根据前期调查获取的经验，结合自己对停车场的畅想，开始了自己的设计。我们鼓励每一个停车场的设计师讲述自己的设计理念，通过投票的方式来确定最终的制作方案。

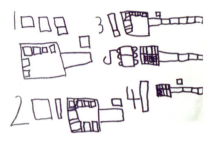 

△ 仔仔画的搭建过程图　　　　△ 乐乐画的停车位设计图

仔仔："第一步，先拿那些长块的积木把门房搭建好；第二步，把顶层铺好；第三步，把进入的地方变长；第四步，再次加固；第五步，用小车试一试。"

乐乐："我上面画了停车位、防火门，箭头指示着你往哪边开。有的箭头是在天上吊着，有的是地面上的。"

在孩子们筛选设计图进行建构时，他们纷纷表达了自己的观点。"乐乐的画更像停车场一些。""仔仔那个，我们可以知道怎么搭建。"最终孩子们选择了这两个设计图作为搭建的参考图。

我们发现，乐乐绘画的角度是俯视，表达车辆行驶方向的箭头看上去很多且杂乱无章。孩子们讲解后我们理解了其设计的含义，并且感叹孩子们对细节的描述。

2.搭建初体验——积木停车位

我们在建构区进行了搭建的体验，幼儿通过长方体立柱来搭建停车场顶，选择同样大小的三角体积木块作为停车位。

教师："和我们平时见到的停车位有什么不一样？"

起起："这个是斜的，我们见到的不是斜的，是平的。"

钟钟："车位是斜的，车怎么上去呀？"

仔仔："车会滑下去……"

△ 斜坡积木停车位

教师思考：斜面是六种简单机械的一种。幼儿采用斜坡作为停车位，发现斜坡会使汽车滑落，不安全。在操作中，幼儿加深了对斜面的认识和理解。

3.纸片停车位

斜坡停车位和真实生活不一样，驱使幼儿寻找更好的解决方法。他们之间的讨论产生了哪些新的火花呢？

教师："我们刚刚说到，停车位不是斜面的，而是平面的，那你需要想一个好的办法来改进。"

▲ 不规则纸片停车位

乐乐："用长方形的条在纸上拓一个。"

教师："地毯上可以吗？"

仔仔："要剪一个长方形的纸片，然后在纸上画一个停车位，放在地毯上就好了。"

教师思考：面对搭建过程中的问题，孩子们相互交流讨论，寻找解决的方法。幼儿对停车位是长方形的有了基本认知后，将停车位画在纸上，做好标识，初步完成设计。不过这时幼儿对车位的大小、车位的编号的位置还未关注，也为后面的活动埋下伏笔。

4.同样大小的停车位

在活动中幼儿已经对停车位的形状有了一定的了解，它和真实的停车位差异在哪里？怎么样可以设计得更好？

毛豆："我发现仔仔剪的纸，有的时候细，有的时候粗，车都停不上去。"

壮壮："等会儿，我试一下。"拿了一辆车试了之后发现真的出现了毛豆发现的问题。

乐乐："这个停车位，长度、宽度都不一样。"

教师："可以怎样解决这个问题呢？"

乐乐："拿积木块，压在纸上画下来，然后再剪下来。我想用那个长方形的，因为车有时候比较长。"

教师思考：停车位的形状是固定的，大小是一致的。寻找一块积木，通过拓印的方法制作同样大小的停车位。在这个过程中，孩子们已经尝试使用模具解决画出等大长方形的问题。

△ 相同大小纸片的停车位

5.合理大小的停车位

观看一些生活中的停车位的图片，让小朋友们进一步思考。

教师："停车场的车位线是怎么画的呢？"

可可："连在一起的。"

（出示停车库图片并加以解说）

乐乐："上面还有数字，是按照顺序排列的。"

毛豆："上面还有阻车器。"

乐乐："车位不能太窄了，我们将车门打开不碰到其他车就可以。"

△ 画停车位

教师思考：停车位多大合适？从孩子们口中我们得到了答案。开车门时，不撞到其他车辆就是安全距离。绘图时了解到两个相邻停车位是共用一条边的。接着我们进行了户外游戏模拟体验，帮助他们将停车位设计得更加合理、科学。

6.户外操作体验

在搭建活动中，有个孩子兴奋地说道："我妈妈最近给我买了一辆滑板车，可以带来学校吗？"为什么不呢？我们邀请了所有的小朋友将自己的滑板车带到学校。这

STEM活动案例篇
小小建筑师——工程中的"多"融合

些车要停放在哪里？需要怎么摆放？这些是孩子们提出的问题。户外游戏活动给我们提供了一个良好的游戏体验环境。孩子们滑着自己的滑板车，在自己设计的停车场中游戏。我们进行了一次活动尝试，孩子们逐步对停车位有了更深入的操作体验，同时为后面活动开展积累经验。

▲ 户外停车场游戏

教师："停车场里面有两个非常重要的方面是需要我们来设计制作的。"

乐乐："行车轨迹，就是让车知道怎么走。"

赳赳："还有箭头。"

毛豆："停车位，每一辆车都有自己的位置，而且一样大。"

教师："请你们回想一下，你们在户外游戏时，我们的停车号的位置在哪里？"

可可："在边上。"

欣欣："在我们开车就可以看到的地方。"

乐乐："按照一定的顺序排列，101，102，103……"

孩子们分组进行搭建尝试。

教师思考：小朋友们骑滑板车来体验这个设计是否合理，停放是否方便。大家反馈，停车位太小车放不进去，转弯地方不应该设置停车位，因为会撞倒。孩子们还发现每一个停车位都需要有固定的号码，这些号码应该在车位上一眼可以看到的地方，按照一定的顺序排列。这些经验都帮助孩子们在后面的活动中更加清楚地了解停车场的基本设置。

7.停车位上还有什么？

停车位是一个长方形，上面除了有数字还有其他东西吗？我们可以尝试做些什么？

— 297 —

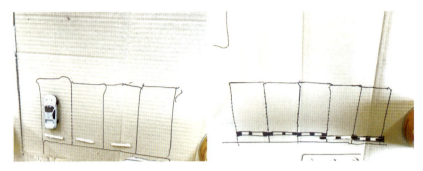

▲ 带有阻车器的停车位

教师："停车位上面还有什么？"

毛豆："还有阻车器。"

教师："阻车器的作用是什么？"

毛豆："防止车辆撞到墙上。"

赳赳："对，防止车辆屁股撞屁股。"

教师："阻车器放置的位置有要求吗？放在最后面可以吗？"

仔仔："不可以，要有一定距离，保证车辆不撞到。"

教师思考：幼儿在活动中了解了车位是相互连接的，停车位上面有阻车器。他们将小积木棒裁剪至合适长度，选择合适的位置，粘贴至车位上，制成阻车器。

车位的安全距离的确定，安全设施的加入，这些都是孩子们在反复实践中有意义的发现。他们尝试用自己的方法解决遇到的问题。孩子们在制作阻车器时会用水彩笔涂色，使其更加明显突出，并通过反复的操作来确定位置，让搭建的停车场更加合理，在相互合作中使得设计更加生动。

阶段二：如何设计进出口？

在这个阶段幼儿关注停车场进出口的搭建，我们一同讨论门房都需要哪些设施并开始设计搭建。

STEM活动案例篇
小小建筑师——工程中的"多"融合

1.我们设计的门房

了解了门房的基础设施以及停放的流程，幼儿根据自己的理解搭建门房。

任家可介绍作品："门房最左边两个口，一个是进口，一个是出口，还有一个是工作人员的房间，里面有电脑、椅子等，最右边的是人行通道，进出口处有升降杆。"

孩子们根据自己的想法搭建门房，搭好后赵鸿瑜介绍作品："蓝色屋顶的是门房，左边是出口，右边是入口，门口的积木是摄像头，走过去就拍照，就扫那个车牌号。"

▲ 幼儿搭建的门房

教师思考：前期活动中对停车场的实地探访帮助幼儿形成了第一印象，在后来的活动中我们还观看了视频、图片，进行了分享讨论。停车场进出口的主要功能就是对进出车辆进行信息的登记，保证车辆的存放安全。幼儿提出自己的初次感受，并通过搭建去感受、了解停放的流程。

2.怎么让升降杆动起来？

我们关注到升降杆这一物品，同时升降杆有一定的工程技术元素，激发我们思考可以通过哪些方法来实现升降，怎样才能使得升降杆运动起来，可以尝试哪些方法和材料等。

欣欣和嘟嘟选择了建构区的积木进行搭建，选择长方形积木作为通道确定进出口位置，圆柱积木上面的正方体积木作为摄像机，升降杆为两块积木横放中间，嘟嘟说道："这个不能动呀！"仔仔说道："这个车咋过去？

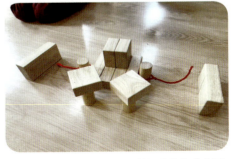

▲ 使用积木和毛根尝试进行升降杆的搭建

— 299

从积木上过去吗？那不就是减速带了嘛。"于是欣欣从美工区拿来毛根缠绕在圆柱上。"这样转动圆柱，毛根就可以动了呀！"于是毛根升降杆诞生了。

3.亲子制作

（1）发放倡议书。

停车场是幼儿常见的生活基础设施之一。我们利用家庭的资源，来帮助幼儿提高自身的经验水平和学习效果。我们向家长们告知了活动的进展情况，希望他们在家中能够支持幼儿深入学习，提高亲子互动的质量。

> **给家长的一封信**
>
> 亲爱的家长朋友：
>
> 您可能这两天已经看到我们班级群里的照片，关注到孩子的发展。最近我们在进行停车场项目活动，目前进行到进出口升降杆部分。在日常生活中他们已经对建构产生了浓厚的兴趣，你会看到孩子们用专注的眼神精心地操作，最终尝到成功的喜悦。
>
> 作为STEM教育活动的一部分内容，我们急需您的帮助！孩子会运用已经获取的经验进行组织建构，通过不同材料感受升降杆的工作原理，并发现更加适宜的材料增加经验。
>
> 在学校我们进行了如下尝试：
> - 使用积木进行停车场门房的建构，用积木来代替升降杆和摄像头，等等
> - 使用毛根制作升降杆
> - 使用齿轮，利用转动模拟升降
> - 观看乐高升降杆的视频
> - 同伴间相互分享交流
>
> 可以先询问孩子们的想法，他准备尝试怎么做。我们有可能怎么改进？可以用视频记录孩子的制作或操作过程。我们期待和您一起见证孩子的惊喜时刻！

（2）亲子小制作。

有了家庭的参与，活动可用的材料越来越丰富多样，升降杆制作方案便产生了更多的答案。答案不唯一，想法不唯一，孩子们都积极参与其中，给项目活动带来了更多的惊喜。

STEM活动案例篇
小小建筑师——工程中的"多"融合

实物	使用材料	使用方法
	纸盒、一次性筷子、吸管、胶带	利用筷子和吸管、胶带形成的夹角，通过拨动筷子促使上下运行，进而达到升降这一目的。
	木棍、毛线	蓝白色木棍和纯色木棍由细木棍做成的转轴相连，是可以活动的。通过拉动毛线，促使升降杆上下运行。
	纸板、转钮、葫芦形饮料瓶	给饮料瓶打上孔，将饮料瓶、纸板、转钮组合在一起，通过转动黑色按钮使纸板上下运行。
	木板、塑料管	塑料管和木板通过转轴相连，是可以活动的。通过转动转钮，促使升降杆上下运行。

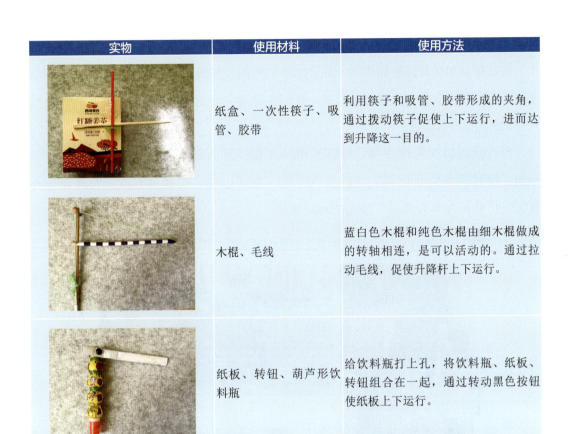

教师思考：孩子们发现生活中很多的物品都可以组合并完成升降，一个问题出现了多种答案。在这个活动中，孩子们慢慢对杠杆原理、齿轮运动等等有了初步的了解和感受。家长积极参与到活动中，集思广益，选取了生活中更方便的材料，实现了升降杆的半自动化。家长资源是一股强大的支持力量，我们共同探讨问题的解决方法，促进幼儿的深度学习，促进高质量的家庭陪伴。

（3）户外游戏体验。

在收集到很多升降杆的小制作后，孩子们根据户外游戏的需求，选择了晨晨和嘟嘟制作的升降杆带到户外进行了游戏。我们在游戏中感受升降杆的运行过程，体验技术带来新的操作体验感。

可可是门口的工作人员，给停放车辆发放凭证。曦曦通过拽动毛线绳，使其升起。嘟嘟负责的是出口，通过拽动拉环，使其运动。"你用力拽，它就会升起来。""对，用点力气。"旁边的毛豆说道。嘟嘟带来的升降杆底座有一个三角支架，可以直接立在地上，同时更加稳定，他一个人也可以在游戏中负责出口位置。

◁ᐱ 升降杆户外游戏体验

教师思考：这两个升降杆都运用了简单机械中的杠杆原理。当幼儿用力拉或压杠杆的一部分时，杠杆会围绕支点摇摆起来，从而产生有益的作用。在停车场的户外游戏中，幼儿通过自己的操作体验来感受杠杆原理在生活中的应用。

阶段三：多层停车场是什么样的？

1.搭建双层停车场

关于搭建一个双层的停车场，孩子们纷纷提出自己的想法。"我们要先搭框架，就和盖楼一样。"乐乐说道。旁边的毛豆看了看建构区的材料，补充道："我们建构区有很多奶粉桶，这个可以垒高。""对！没有错，我们和上次一样，用长条积木搭，短的一弄就散了。"仔仔大声说道。"那我们搭建一个多大的呢？"起起提出了自己的困惑。"搭一个和垫子一样大的！"乐乐说道。其他小朋友投去了认可的眼光。孩子们分工合作，有人搬奶粉桶，有人收集最长的积木块。他们在寻找奶粉桶的时候，通过比一比、目测等方法寻找同样高度、大小的奶粉桶，孩子们表示因为这样好看，搭建起来平整。

框架搭好后，孩子们进入下一步——寻找停车场隔板（楼板）。需要多长多宽的纸板呢？再根据孩子们的测量结果有针对性地寻找材料。乐乐、仔仔纷纷将自己的框架图画下来。"老师，他画的不对！""我对着呢！你从这边看。"我们发现这是一个学习三视图的好机会，和孩子们一起对一个事物侧视，正视，俯视，从三个角度观察。孩子们惊喜说道："我们都是正确的，只是看的方向不一样。"

⌃ 双层停车场框架图　　　　　⌃ 双层停车场图

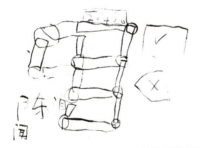
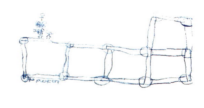

⌃ 幼儿画的双层停车场框架图

在搭建好双层停车场后，孩子们开始画停车位，这次他们使用细长条积木模拟真实的墙，顶着纸板，使用单元积木块依次拓印车位，并且使用小木棍、雪糕棒等做阻车器，最终完成了双层停车场建设任务。

教师思考：测量是一种技术手段，可以帮助孩子们更好地理解长短。我们在寻找可供做楼板的材料时，也应考虑到其与单元积木间长度、大小的关系。我们投放的材料是经过"设计"的，纸板与积木间有一定的倍数关系。

2.如何让车从一楼开到二楼？

车如何从二楼下至一楼地面呢？"做一个汽车滑滑梯。""做一个电梯。""做一个弯道，慢慢下来。"孩子们你一言我一语，都想试一试自己的想法，于是我们开始了这次的实践探索。

（1）斜坡下降。

这组用到的是我们建构区的常见材料单元积木，嘟嘟和乐乐决定从二楼开始。乐乐拿着积木顶到纸板处，保持水平，嘟嘟将奶粉桶放置在下方，距离刚刚好。随后他们选用具有一定弯度的积木搭建，将长方体积木放置在下方，积木的长度直至地面。如果长度不够便调整积木的位置，或多垒放一块。孩子们用具有斜面的三角体积木，在不断改变高度中将这个斜坡慢慢延伸至地面。由于孩子们前期有一定的搭建立交桥的经验，斜坡下降这个结构便很快完成了。

▲ 斜坡弯道下降

▲ 停车场玩具

（2）汽车电梯。

在进行停车场项目活动期间，孩子更加关注生活中的停车场。有一名小朋友周末外出时看到一个乐高的立体停车场玩具，在家长的帮助下用视频的方式记录，带来和同伴一起分享讨论。

▲ 汽车电梯设计图

▲ 幼儿制作汽车电梯

STEM活动案例篇

小小建筑师——工程中的"多"融合

▲ 汽车电梯成品图

"视频中的电梯好酷！就像是一个旋转滑滑梯，车辆就下去了。"仔仔边说边用手比画，赳赳着急地补充道："视频中还有一个汽车电梯，就像是我们做的扶手电梯。""车开到中间黑色的地方，然后开启按钮转动起来，车就上去了。"毛豆说道。

幼儿根据观看的视频，设计并制作汽车电梯，先画图纸，阐述自己的想法，再进行实际的操作。

乐乐介绍自己设计的汽车电梯："第一步是要用两个拐弯的平板安装滑梯，第二步需要铁链，需要卡到齿轮上面，这样车才可以走动。线就会带着车上去，这样车才会停在车位上。汽车从坡上自己上去，我们需要制作一个挡车的，要不然一辆车撞到了一辆车的屁股，这样车就追尾了。"

教师思考：幼儿讨论生活中哪些东西和汽车电梯的运行方式一样。推土机会通过履带向前走；我们体育游戏中玩的履带就像轮子，人往前走履带也会往前走。有孩子提出："就像电梯一样，我们会在上面走，电梯也会走。"幼儿举一反三，极大地调动了生活经验到活动中。

3.多层停车场还能怎样设计？

生活中多层停车场有很多不一样的设计方案，我们给幼儿提供了一本关于世界各地停车场的设计图书，以作为技术参考，同时邀请幼儿家长与我们一同参与设计。每一位小设计师都专注地投入，带给了我们很多不一样的设计。在这个过程中，幼儿会调动之前的关于停车位的经验，比如对车位的划分、车位号的标识等，最终呈现给大家一个作品。

我们开展了"新品发布会"，鼓励幼儿介绍自己的作品。幼儿的每一个作品都是其思想的展现，同伴间相互评价，发现优点和创新点，并提供改良措施。

一一："这是上坡，走到停车位，然后这个是下坡，从这里下去。下面还有停车位，从这里进去。"

教师："我们一起来看看，说一说有哪些优点和哪里需要改。"

赳赳："这个坡没有在停车场里面，应该短一点。"

▲ 幼儿介绍自制停车场

乐乐："像赳赳说的那样，坡太陡了，车就上不去了。这边没有设计围栏，就会掉下去。"

欣欣："一楼车位号看不见，车位号写前面的，也没有阻车器。"

彤彤："太陡了，会超速的。"

教师："那你觉得这个作品好在哪里呢？"

赵赵："这个坡像减速带，这样就可以防止车滑下去。"

乐乐："这个可以停放更多的车辆了。"

彤彤："节省了更多的地方。"

教师思考：尊重每一个设计师的设计理念，鼓励幼儿通过语言表述自己的想法，并且同伴可以根据自己在设计制作过程中的经验对讲述者提出问题。在这个过程中，同伴间相互的沟通和交流促进了他们不断调整完善其作品。

展示交流

我们邀请家长协助孩子共同商量制作立体停车场模型的说明书，内容包括名称、使用材料、使用方法、创新点等。孩子们面向全园小朋友做了一次汇报展示。他们对参观者介绍、解答疑问的过程，也是反思自己作品的过程。

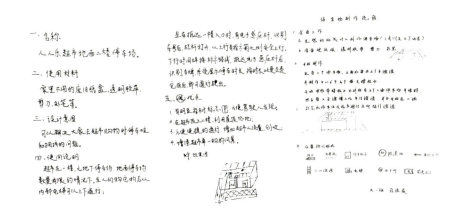

▲ 幼儿和家长共同制作的停车场说明书

反思与评价

停车场项目的开展来源于幼儿，过程中我们获得了多方的支持和配合，从而使项目活动的延续性、整合性、综合性加强。家长资源的开发和利用帮助我们在一些专业的问题上有更多科学的技术支持。我们会有更多的实地参观记录与发现，让孩子们和家长一起去学习去思考，为什么这么设计？我们搭建中如何改进？家长们真切地感受到幼儿参与的主动性，他们的想法同幼儿思维间的碰撞和交流也形成了高效的家庭教育时间。

从一开始的围合建筑、影像了解、实地探访、观察记录到小组讨论、设计绘画等，幼儿亲身参与到游戏中，每一个人都有自己的角色定位，或是主要的搭建者、问题的提出者、措施的建议者，或是一个调查员等，我们尽可能地让更多幼儿参与到游戏中。幼儿在这个过程中收获的是解决问题的办法、合作交流的方式、相互配合的理念。相信在自主游戏中，他们的想法会带给我们更多惊喜……

跨学科核心经验梳理：

项目名称		大班"小小停车场"
科学与工程实践		1. 通过搭建停车场的过程，发现问题并提出解决方案； 2. 在制作停车位时能反复考证，不断试误，最终解决问题； 3. 尝试用绘画的方式记录自己的学习和思考过程，通过说明书、展示会等展示成果。
核心概念	科学	1. 感受重心、平衡、力的相互作用等对物体稳定性的影响； 2. 探索物体运动的速度与物体属性、重量、距离、坡度等的关系； 3. 发现杠杆原理在实际生活中的应用，尝试解决问题； 4. 理解几何图形及空间关系，选择合适的材料进行搭建； 5. 尝试用自然测量的方法测量空间大小、面积，用尺子进行简单测量，初步了解计量单位"cm"； 6. 认识基数、命名数、序数，发现数字符号在生活中的意义与运用； 7. 在建构中体验空间关系及空间布局。
	工程	1. 确定工程方案：划分停车位、制作进出口升降杆、制作立体停车位模型； 2. 合作解决问题，探讨安全便捷的行车轨迹（宽窄和单项形式），停车位的合理大小、停车场人员的职责。
	技术	1. 通过多种途径（图书、实地考察、照相等）收集关于停车场的相关资料； 2. 尝试通过多种方式（绘画、符号记录等）设计停车场的建构方案； 3. 尝试使用各种工具解决实践中的问题。
	社会	1. 主动承担任务，在遇到困难时及时向小组内的伙伴求助； 2. 萌发角色意识，坚持完成自己负责的任务。
	语言	1. 能够结合自己的已有知识，对斜坡上的小车运行轨迹进行描述； 2. 能够清楚讲述自己制作升降杆、多层停车场的过程。
核心概念	健康	1. 根据制作需要剪出停车位，线条平滑，形状一致； 2. 在活动中能保持愉快的心情，在发生争论时能及时调整。
	艺术	1. 在活动中，根据要求创造性地提出自己的解决办法，设计女性停车位； 2. 收集多种材料，尝试制作升降杆和多层停车位。
跨学科概念		系统与系统模型：感受停车场这个系统中车位大小、行车线路间的关系； 模式：感受停车位上的数字间的联系、代表的实际意义； 结构与功能：停车位上数字、阻车器的实际意义，感受停车场内部构成与所匹配功能间的联系。